文房四宝

书写工具与文化的呼应

柴建华 编著

陕西新华出版传媒集团
未来出版社

图书在版编目（CIP）数据

文房四宝：书写工具与文化的呼应 / 柴建华编著 . -- 西安：未来出版社，2018.5
（中华文化解码）
ISBN 978-7-5417-6618-3

Ⅰ.①文… Ⅱ.①柴… Ⅲ.①文化用品 - 研究 - 中国 Ⅳ.①K875.44

中国版本图书馆CIP数据核字（2018）第086008号

文房四宝——书写工具与文化的呼应
WENFANG SI BAO——SHUXIE GONGJU YU WENHUA DE HUYING

选题策划	高 安 马 鑫
责任编辑	高 安
装帧设计	陕西年代文化传播有限公司
出版发行	陕西新华出版传媒集团 未来出版社
	地址：西安市丰庆路91号 邮编：710082
经 销	全国新华书店
印 刷	陕西金德佳印务有限公司
开 本	880mm×1230mm 1/32
印 张	7.5
版 次	2018年5月第1版
印 次	2018年5月第1次印刷
书 号	ISBN 978-7-5417-6618-3
定 价	26.00元

如有印装质量问题，请与印厂联系调换

总序

中华民族的历史源远流长，从刀耕火种之始，物质文化便与精神文化相辅相成，一路扶持，共同缔造了博大精深的中华文化。这不仅使古代的中国成为东亚文明的象征，而且也为人类文明史增添了一大笔宝贵的遗产。在中国的传统文化中，物质文化以其贴近人类生活、丰富多彩和瑰丽璀璨的特点，集艺术与实用为一体，或华丽，或秀雅，或妩媚，或质朴，或灵动，或端庄，而独步于世界文化之林，古往今来备受东西方瞩目。"中华文化解码"丛书以通俗流畅、平实生动的文字，为我们展示了传统文化中一幅幅精美的图画。

上古时代，青铜文化在中原地区兴起，历经夏、商、西周和春秋，约1600年。其间生产工具如耒、铲、锄、镰、斧、斤、锛、凿等，兵器如戈、矛、戟、刀、剑、钺、镞等，生活用具如鼎、簋、鬲、簠、盨、敦、壶、盘、匜、爵等，乐器如铙、钟、镈、铎、句鑃、錞于、铃、鼓等，在青铜时代大都已出现了。西周初期，为了维护宗法制度，周公制礼作乐，提倡"尊尊""亲亲"，一些日常生活中所用的器物逐渐演变成体现社会等级身份的"礼器"——或用于祭祀天地祖先，或用于朝觐宴饮，身份不同，待遇不同，等级森严，不得逾越。王公贵族击鼓奏乐、列鼎而食，天子九鼎，诸侯七鼎，卿大夫、士依次递减，身份等级，斑斑可见。鼎、簋、鬲、簠等食器，铙、钟、镈、铎等乐器，演变成为贵族阶级权力的象征。以青铜器为象征符号的礼乐制度，虽然随着青铜文化的衰落而由仪式转向道德，但对中国传统文化的影响却极为深远。

　　春秋战国时代，由于铁器的兴起并被广泛应用于社会生产和日常生活之中，人们的生活方式发生了巨大的改变。首先，铁农具的使用提高了农业生产力，社会财富日益积累，人们的生活水平得以提高，追求物质享受和精神愉悦的需求，反过来促进了衣食住行生产的发展；其次，手工制造业也因铁器的使用而开始发达，木质生活器具——漆器兴起，并逐渐取代了青铜器成为日常生活中的主要器具。曾经作为礼器的各类器具走下神坛，开始了"世俗化"的生活，品种越来越多，实用性越来越强，反过来促使生活器具愈来愈趋向人性化。在物质与精神的双重追求下，传统社会的物质文化不断向着实用和审美两者兼具的方向发展，成为中华民族传统文化的象征符号。

中国是传统的农业国家，讲起传统文化，不得不首先谈谈耒耜、锄、犁、水车、镰和磨等农业生产工具。人们使用它们创造并改变了自己的生活，同时也在它们身上寄托了丰富的感情。在中国的传统文化里，一直存在着入世与出世的两种精神。或读书入仕，或驰骋疆场，光宗耀祖，修身、齐家、治国、平天下的理想激励着多少古人志存高远。但红尘的喧嚣，仕途的艰险，又使人烦扰不已，于是视荣华为粪土，视红尘为浮云，摆脱尘世的干扰，寻一方乐土，回归淡然恬静，也成为很多人理想的生活方式。耒耜、犁等作为农业生产必不可少的农具，也成为这些人抒发遁世隐居情怀的隐喻。"国家丁口连四海，岂无农夫亲耒耜。先生抱才终大用，宰相未许终不仕。"那座掩映在山间，坐落在溪流之上的磨坊，随着水流而吱吱旋转永无休止的磨盘，则成为古人自我磨砺、永不言败、超脱旷达的象征。

农耕文化"日出而作、日落而息"的慢节奏的悠闲生活，使得我们的祖先有的是时间去研究衣食住行等多方面的内容，从而创造了独特的东方文化精粹。其中，饮食文化是最具吸引力的一个内容。不论是蒸、煮、炝、炒，还是煎、烤、烹、炸，不论是蔬果，还是肉蛋，厨艺高超的烹饪师都有本事将它们做成一道道色、香、味俱全的美味佳肴。这些美味佳肴配上制作精美、造型各异的食器，便组成了一场视觉与味蕾的盛宴。从商周的青铜器，到战国秦汉的漆器，再到唐宋以后的瓷器，传统社会的食器从材质到形制及其制作方法都发生了很大的变化，唯一不变的是对美学艺术和精神世界的追求。从抽象而神秘的纹饰，再到写实而生动的画面，不论是早期的拙朴，还是后期的灵秀，都倾注着中华民族的祖先对生活的热爱与执着。因为饮食在中国传统文化中起着调和人际关系的重要作用，所以中国文化的含蓄与谦恭，尽在宾主之间的举手投足之中，而那一樽樽美酒、一杯杯清茶与精美的器皿则尽显了中国饮食文化的热情与好客。"醉翁之意不在酒，在乎山水之间也"，"兰陵美酒郁金香，玉碗盛来琥珀光"，酒与古代文人骚客"联姻"，成就了多少绝世佳句！

衣裳服饰，既是人类进入文明的标志，也是人类生活的要素之一。它除了具有满足人们遮羞、保暖、装饰自身需求的特点外，还能体现一定时期的文化倾向与社会风尚。我国素有"衣冠王国"的美称，冠服制度相当等级化、礼仪化，起自夏、商，完善于西周初期的礼乐文化，为秦汉以后的历代王朝所继承。然而在漫长的历史发展中，我国的传统服饰，包括公服和常服，却不断地发生着变化。商周时的上衣下裳，战国时的深衣博带和赵武灵王的"胡服骑射"，汉代的宽袍大袖，唐代的沾染胡风与开放华丽，宋明时期的拘谨与严肃，清代的呆板与陈腐，无不与经济、政治、思想、文化、地理、历史以及宗教信仰、生活习俗等密切相关。隋唐时期，社会开放，经济繁荣，文化发达，胡风流行，思想包容，服饰愈益华丽开放，杨玉环的《霓裳羽衣曲》以"慢束罗裙半露胸"的妖娆，惊艳了整个中古时代。

在中国古代服饰发展的过程中，始终体现着社会等级观念的影响，不同社会身份的人，其服装款式、色彩、图案及配饰等，均有着严格的等级定制与穿着要求。服饰早已超越了其自然功能，而成为礼仪文化的集中体现。

对人类而言，住的重要性仅次于衣食。从原始时代的穴居和巢居，到汉唐的高大宏伟的高台建筑，再到明清典雅幽静的园林，中国的居住文化由简单的遮风避雨，逐渐发展到舒适与美观、生活与享受的多种功能，而视觉的舒适与精神的审美则占了很大一部分比重。明代文人李渔在《闲情偶寄》中讲道："盖居室之制贵精不贵丽，贵新奇大雅不贵纤巧烂漫"，"窗栏之制，日新月异，皆从成法中变出"。在他们眼中，房屋的打造本身就应该是艺术化的一种创作，一定要能满足居住者感官的需求，所以要不断推陈出新。在这样的诉求下，中国的传统居住文化集物质舒适与精神享受为一体，一座园林便是一个"天人合一"的微缩景观，山水松竹、花鸟鱼虫等应有尽有，楼、台、亭、阁、桥、榭等掩映其间，错落有致。临窗挥毫，月下抚琴，倚桥观鱼，泛舟采莲，"蓬莱深处恣高眠"，"鸥鸟群嬉，不触不惊；菡萏成列，若将若迎"，好一幅纵情山水、优游自适的画卷！

与传统园林建筑相得益彰的是家具。明清时代的木制家具不仅是中国文化史上精美的一章，也是人类文明史上华丽的一节。幽雅的园林建筑配上典雅精致的木制家具，寂寞的园林便有了生命的存在。木质家具是人类生活中必不可少的器具，它的广泛使用与铁制工具的普及密切相关。从秦汉时期的漆器，到明清时期的高档硬木，古典家具经历了2000多年的发展历程。至明清时代，中国的古典家具便以简洁的线条，精致的榫卯结构，以及雕、镂、嵌、描等多种装饰的手法而闻名于世。因为桌案几、椅凳、箱柜、屏风等的起源都可上溯到周代的礼器，所以尽管长达数千年的发展，木质家具早已摆脱了礼器的束缚，不但形式多样，而且制作精美，但是在它们身上仍然体现了传统文化的影响。功用不同，形制不一，主人的身份不同，家具的装饰与材质也就不同。一张桌子、一把椅子、一张床、一座屏风，不仅仅显示的是主人的身份和社会地位,也是主人品位和风雅的体现。正因为如此,文人士大夫往往根据自己的生活习性和审美心态来影响家具的制作,如文震亨认为方桌"须取极方大古朴,列坐可十数人,以供展玩书画"。几榻"置之斋室,必古雅可爱"。"素简""古朴"和"精致"的审美标准,加上高端的材质、讲究的工艺和精湛的装饰技术,使我国的古典家具成为传统物质文化中的瑰宝。

中国传统文化有俗文化与雅文化之分,被称作翰墨飘香的"文房四宝"——笔、墨、纸、砚,便是雅文化中的精品。这是一种渗透着传统社会文化精髓的集物质元素与精神元素为一体的高雅文化。从传说中的仓颉造字起,笔、墨、纸、砚便与中国文人结下了不解之缘。挥毫抒胸臆,泼墨写人生,在文人士大夫眼中,精美的文房用具不仅是写诗作画的工具,更是他们指点江山、品藻人物、激扬文字、超然物外、引领时代风尚的精神良伴,即"笔砚精良,人生一乐"是也。作为文人的"耕具",笔具有某种人格的意义,往往作为信物用于赠送。墨等同于文才,"胸无点墨"便是不知诗书。在中外的历史上,没有哪一个民族像中华民族这样,能把文化与书写工具紧密相连,也没有哪一个民族的文人能像中国文人那样,把笔、墨、纸、砚视作自己的生命或密友。在这样的文化氛围中,人们对笔、墨、纸、砚的追求精益求精,它们不再仅仅是书画的工具,更成为一种艺术的精品。可以说,文人士大夫对"文房四宝"的痴迷赋予其深沉含蓄的魅力,而深沉含蓄的"文房四宝"则成就了文人士大夫温文儒雅、挥洒激扬的风姿。"风流文采磨不尽,水墨自与诗争妍。画山何必山中人,田歌自古非知田。"两者水乳交融的结合,形成了中国文化特别是书画艺术无与伦比的意蕴。

说到音乐,则既有所谓"阳春白雪"之类的雅乐,也有所谓"下里巴人"的俗乐,更离不开将音乐演绎成"天籁之声"和"大珠小珠落玉盘"的传统乐器。音乐的产生与人类的文明有着密切的关系,音乐和表现音乐的各种乐器,与文学、书法、绘画等艺术形式一样,既是人类文明的产物,也是文化的重要组成部分。作为精神文明的成果,音乐经历了人神交通、礼仪教化、陶冶情怀和享受娱乐的几个阶段,曲调由神秘诡异、庄重肃穆变得清雅悠扬、活泼轻快起来。传统的乐器也由拙朴的骨笛、土鼓、陶埙等,演变成大型的青铜编钟,进而又演化成琴、筝、箫、笛、二胡、琵琶、鼓等。每一种乐器都演绎着不同的风情,"阅兵金鼓震河渭"擂起的是军旅的波澜壮阔;"半台锣鼓半台戏"敲响的是民间的欢乐喜庆;有"天籁之音"之称的洞箫,吹出的是中国哲学的深邃;音色古朴醇厚的埙,传达的是以和为美的政治情怀。在所有的乐器中，最为人所重的是琴。在古代，琴被视为文人雅士之所必备，列于琴、棋、书、画之首，"琴者，情也；琴者，禁也"，它既是陶冶情怀、修身养性的重要工具，又是抒发胸怀、传递情感的媒介。一曲《高山流水》使伯牙、钟子期成为绝世知音，一曲《凤求凰》揭开了司马相如与卓文君爱情的序幕，《平沙落雁》《梅花三弄》等则奏出了骚人墨客的远大抱负、广阔胸襟和高洁不屈的节操。

　　与雅文化相对应的是俗文化。俗文化产生于民间，虽然没有"阳春白雪"的妩媚与高雅，却有着贴近生活的亲切和自然。那些小物事、小物件，看起来不起眼，却在日常生活中不可或缺。那盏小小的油灯，虽然昏暗，却在黑暗中点燃了希望；上元午夜的灯海，万人空巷，火树银花，宝马雕车，是全民族的节日狂欢。文化必须在流动中才能绽放美丽。那曾经是帝王专用的华盖，虽然因走向民间而缺少了威严，但民间的艺术却赋予它更多的生命意义：以伞传情，成就了白娘子与许仙的传奇；以伞比兴，胜于割袍断义的直白。庆典中的伞热烈奔放，祭典中的伞庄重肃穆，浓烈与质朴表达的都是传统文化的底蕴。原本"瑞草薵莆叶生风"的扇，只为夏凉而生，在文人墨客手里却变成了风雅，"为爱红芳满砌阶，教人扇上画将来。叶随彩笔参差长，花逐轻风次第开"。

扇与传统书画艺术的结合，使其摇身一变而登堂入室。而秋扇寒凉之悲，长袖舞扇之美，则为扇增添了凄美与惊艳。那把历经沧桑的锁呢？它锁的不是悲凉哀伤，而是积极快乐、向往美好和吉祥如意的心，既关乎爱情，也关乎生活，更关乎人生！

在传统的民俗文化中，有一组主要由女人创造的物质文化载体，那就是纺织、编织、缝纫、刺绣、拼布、贴布绣、剪花、浆染等民间手工艺品。同其他传统物质文化一样，这些民间手工艺品，在中国也传承了数千年的历史，并且一代一代由女性传递下来。这些民间艺术作品秀外慧中，犹如温婉的女子，默默与人相伴，含蓄多情，体贴周到却不张扬。因为是女人的制作，这些民间艺术难登大雅之堂，但离了它，人们的日常生活便缺失了很多色彩。

剪纸起源于战国时期的金箔，本是用于装饰，自从造纸术发明以来，心思灵慧的女人们便用灵巧的双手装点生活，婚丧嫁娶，岁时节日，鸳鸯戏水、十二生肖、福禄寿喜、岁寒三友等，既烘托了气氛，又寄托了情感。男女交往，两情相悦，剪纸也是媒介，"剪彩赠相亲，银钗缀凤真……叶逐金刀出，花随玉指新"。

由结绳记事发展而来的中国结，经由无数灵巧双手的编结，呈现出千变万化的姿态，达到"形"与"意"

的完美融合。喜气洋洋的"一团锦绣",象征着团结、有序、祥和、统一。

　　最早的绣品出现在衣服之上,本是贵族身份地位的标志,龙袍凤服便是皇帝和皇后的专款。不过,聪慧的女人把自己的生活融入了刺绣艺术之中,各种布艺都是她们施展绣技的舞台,对生活的期望和祝福也通过具有象征意义的图画款款表达。那或精致小巧、或拙朴粗放的荷包,都寄托了女人们不尽的情怀!中国的四大名绣完全可以当之无愧地登堂入室,成为中华传统文化的瑰宝。

　　"渔阳鼙鼓"不仅惊醒了唐玄宗开元盛世的繁华梦,也打破了大唐民众宁静的生活。那些从远古狩猎器具发展演变而来的干戈箭羽,曾经是猎人骄傲的象征,如今却变成了杀人的利器,刀光剑影中,血似残阳。在漫长的冷兵器时代,刀枪棍棒、斧钺剑戟,对皇家而言,是权威的象征,威严的仪仗便是象征着皇权之不可撼动;但对个人而言,则是勇士身价的体现,三国时代的关羽以"走马百战场,一剑万人敌"而扬名千年。然而,正如其他器物一样,兵器在传统文化中也被赋予了多样的文化象征意义。"项庄舞剑,意在沛公",这剑便是杀气,项庄便是剑客;文人弄剑,展现的则是安邦定国、建功立业的豪气。斧钺由兵器一变而为礼器,象征着军权帅印,接受斧钺便意味着被授予兵权，因此斧钺就成为皇权的象征。斧钺的纹饰为皇帝所独享，违者就是僭越。礼乐文明赋予传统文化雍容的气质，也为嗜血的兵器涂上一抹温雅的祥和，那就是"化干戈为玉帛"和射礼的出现。春秋时代的中原逐鹿原本就是华夏民族内部的纷争，"兄弟阋于墙，外御其侮"，民族发展的最大利益便是和平。逐鹿的箭羽配着优雅的乐调，大家称兄道弟一起享受着投壶之乐，一切矛盾化为乌有。

具有五千年历史的中华民族，以其勤劳和智慧，创造了丰富多彩、璀璨夺目的物质文化。它们源于生活，又高于生活，在数千年的发展中，融合了雅俗文化的精髓，变得富有生命力和艺术创造力。它们是一种象征符号，蕴含了传统文化的博大精深；它们是一幅美丽的画卷，展现了传统文化的精致典雅；它们是一部传奇，演绎了传统文化由筚路蓝缕走向辉煌。它们所体现出的文化元素，不仅使历史上的中国成为东亚文化的中心，也成为西方向往的神秘王国。它们犹如一部立体的时光记忆播放机，连续不断地推陈出新，中华文化精神也就在这些集艺术与实用为一体的物质元素中一代一代地传承下来。

焦 杰

目 录

绪　论……………………………………………………………1

第一章
丹青与文事，舍此复何从——笔
一、毛笔的发展……………………………………………6
二、毛笔的种类……………………………………………25
三、毛笔的制作与笔工……………………………………38
四、古人心目中的毛笔……………………………………41

第二章
因君强濡染，舍此即忘筌——墨
一、"墨"的起源…………………………………………46
二、墨的发展和沿革………………………………………49
三、几个制墨大师的故事…………………………………61

四、宋人墨癖……………………………65
　　五、明墨及明代制墨名家………………76
　　六、清墨及清代制墨名家………………86
　　七、墨的种类及制作……………………101

第三章
舒卷随幽显，廉方合轨仪——纸
　　一、纸的发展史…………………………106
　　二、水边作纸明于水——宣纸…………116
　　三、吐广长舌，演微妙词………………141
　　四、莫谓纸薄，其用孔多………………145

第四章
谁凿山中石，人间供翰墨——砚
　　一、砚的起源与发展……………………160
　　二、砚的制作……………………………186
　　三、四大名砚……………………………191
　　四、砚　铭………………………………213
　　五、古代文人与砚的趣事………………220

绪 论

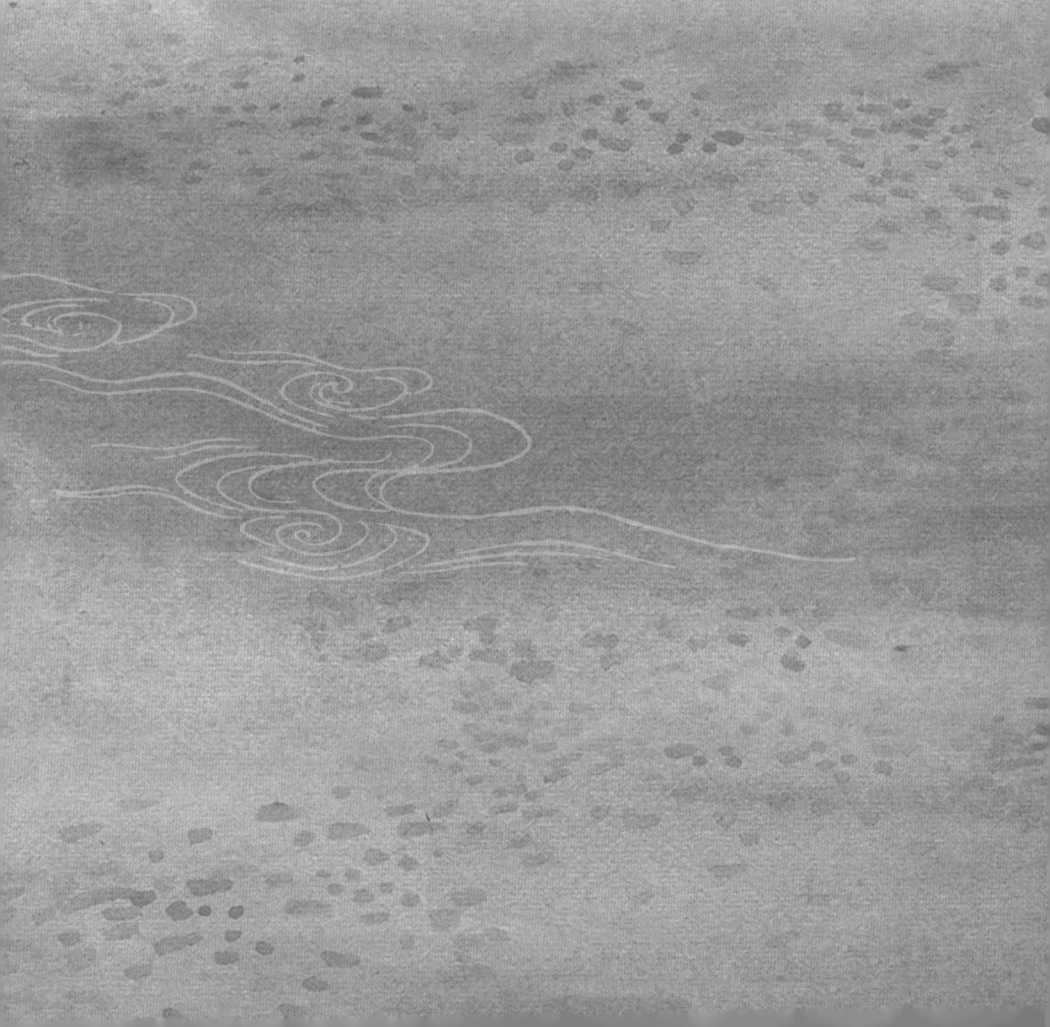

中国许多有着悠久历史传承的用具，往往特色鲜明、独具一格。它们既表现了中华民族不同于其他民族的风俗文化，也为世界文明的进步和发展做出了自己的贡献。被人们称为"文房四宝"的笔、墨、纸、砚，无疑就是其中之代表。特别是"文房四宝"在中国传统文化的发展中，不仅是具有极强实用价值的文具用品，而其自身在几千年的传承发展中，也逐渐成为融

文房四宝

合绘画、书法、雕刻、装饰等为一体的艺术品,承载了中国传统的文化模式、审美标准和价值观念。

笔、墨、纸、砚的出现都是比较早的,而四者并称却比较晚。宋朝有个诗人叫梅尧臣的写过一首诗,里面有"文房四宝出二郡,迩来赏爱君与予"(《宛陵集》)的句子,这是目前可以看到的古代文献中最早出现的"文房四宝"的名称。

把笔、墨、纸、砚称为"四宝",并不是说它们有多么昂贵或稀有,而是它们对我们民族的文化来说实在是太过重要。那些喜欢风雅的文人甚至把它们人格化了,称它们为"文房四士"——宋朝的诗人陆游就是这么说的:"水复山重客到稀,文房四士独相依。"(《剑南诗稿》)与此类似的还有"文房四子""文房四君""文房四友"的称呼。

讲"文房四宝"就不能不再说一下"文房"。文房的原意其实是指官府掌管文书的地方。从南朝梁之后,历朝历代都有这个称呼。到了唐代,文人中间开始流行将文房代称书房,比如唐朝诗人元稹就有一首诗说道:"文房长遣闭,经肆未曾铺。"唐朝以后,宋元明清各代用文房代指书房就更加普遍了。人们从事文化活动,进行艺术创作,文房是其重要的活动场所,而笔、墨、纸、砚则是主要的工具与材料,所以将其称为"文房四宝",也就不难理解了。

首先将"文房四宝"统一加以记叙的著作,是宋代苏易简的《文房四谱》一书。苏易简辑录此书的目的,是为了阐明"文房四宝"的文化作用与价值。

我们编写书本的目的,不仅是为了给读者介绍一些有关"文房四宝"的历史与知识,更是着重挖掘其与中国文化的关系,揭示其自身蕴含的中国文化精神。以期读者特别是青少年读者,能够对中国优秀的传统文化有更为真切的了解。

第一章

丹青与文事,舍此复何从——笔

一、毛笔的发展

文房四宝之首当推笔，笔实乃书具之主。中国传统的笔多指毛笔，之所以名"毛笔"，盖因其笔头多由动物毛发加工而成。这样的笔与中国汉字的结合真有浑然天成之妙：笔头有弹性，书写汉字时易于顿挫提按，便于挥洒四方。这样书写出来的文字极富曲直粗细的线条美。而传统的中国画也一样，如果离开了毛笔，恐怕就会失去其独有的风格和韵味。

在中国，毛笔作为书写工具，其历史非常悠久。有关毛笔的产生，民间流传着许多的故事和传说，有些甚至上了蒙学课本，成了"常识"。比如启蒙读物《千字文》中就有"恬笔伦纸，钧巧任钓"的句子，意思是说蒙恬发明了毛笔，蔡伦制造了纸，马钧发明了水车，任公子善于钓鱼。而"蒙恬造笔"这种说法首先出现在晋代张华的《博物志》中，但现代的考古发现证明，早在秦代的蒙恬之前，就已经有毛笔了，所以说"蒙恬造笔"这种说法其实并不符合历史真实。

不过有一点却是可以肯定的，那就是在毛笔的整个发展过程中，蒙恬是起了重要作用的。

那么毛笔的产生可以上溯到什么时候呢？我们就让地底下的实物来说话吧。在河北武安磁山村和甘肃秦安大地湾都曾经出土了一些新石器时期的陶器。这些距今大约7000年的陶器上的纹路明显是用原始的毛笔绘出来的，这种"毛笔"当是以鸟兽羽毛或植物穗絮制成的。因为那些花纹线条清晰，并留有笔毫描绘的痕迹，不用毛笔是难以胜任的。之后由刻画符号发展而来的甲骨文字在刻写的过程中也借助了毛笔。许多出土的甲骨上有虽然写了但还没有刻的文字，也有虽然写了全部文字但是仅仅刻了其中容易刻画的部分的，可以想见这些文字一定是先用毛笔写上然后再刻上去的。

"笔"的繁体字写作"筆"，其中竹字头下面的"聿"就是笔的本字。甲骨文中就有"聿"字，这说明至少在商代，笔就已经开始比较大规模地使用了。到了春秋战国时期，各国都已经制作和使用毛笔了，只是还没有统一的名称。东汉许慎在《说文解字》中解释"笔"时说，笔是用来书写的工具，楚地把它叫作"聿"，吴地把它叫作"不律"，燕地把它叫作"弗"，而在秦地则把它叫作"笔"。直到秦始皇统一了天下，才将其统一称作"笔"。

我们说大凡发明创造,除了有劳动人民的集体智慧以外,往往也需要有一个或几个对其发展做出卓越贡献的人,就像蔡伦之于造纸术、毕昇之于活字印刷

制笔祖师 蒙恬

一样。在笔的制作方面，蒙恬毫无疑义就是最有代表性的一个。经过蒙恬革新后的笔，制作简单，使用方便，给人们带来了极大的便利，所以后世多有"蒙恬造笔"的故事流传。在有"湖笔之乡"美誉的浙江湖州，当地人至今还把蒙恬尊为"笔祖"，并建有"蒙公祠"，我国许多生产毛笔的地方也都建有"蒙恬庙"。每当蒙恬和笔娘娘生日的时候（分别在农历三月十六和九月十六），湖州善琏镇的人们都会举办"蒙公会"，请乐班吹拉弹唱，对蒙公和笔娘娘顶礼膜拜，并恭恭敬敬地抬出神像在镇子上游行。如今这类民俗活动一直延续着，只不过"蒙公会"已经被"国际湖笔文化节"所取代，但是其彰显的人文关怀并没有减弱。

至于我国典籍中各种有关笔的追述，比如，说黄帝时期的史官仓颉发明了文字，兔子吓得都在夜里啼哭，因为兔子害怕把它们身上的毛取去制作毛笔（高诱注《淮南子·本经训》）；又比如，说三皇五帝之一的虞舜发明了笔，用笔蘸着漆在简牍上写字（罗颀《物原》），等等。这些说法虽然与真实情况有所出入，但也足以佐证我国毛笔的起源之悠远，历史之绵长。如果再能读懂种种传说中所蕴含的文化情感，那么就能更加深入且不失公允地看待仓颉、虞舜、蒙恬这些古圣先贤在推动中国古代文化发展上所起到的积极作用。

在湖北随州曾侯乙墓中出土的战国早期的毛笔应该是我国目前所能见到的最早的毛笔了。之后便是1954年在湖南长沙左家公山的一个战国时期的楚墓里出土的一支毛笔，这支笔是竹制的笔杆，笔头用兔箭毛（即紫毫）包扎在笔杆外围，裹以麻丝，髹以漆汁，笔锋尖挺，是在竹木简牍上书写的良好工具。因其笔杆系竹制，这也在一定程度上解释了为什么后来在"聿"的上面加一个竹字头来表示笔的含义了。

秦代的毛笔，也就是蒙恬所生活时代的毛笔，也有实物发现。湖北云梦睡虎地秦墓中出土的三支毛笔的笔杆头已经镂成腔状，以方便笔毫纳入其中，这跟现代的毛笔已经很接近了。汉代毛笔在秦代的基础上又有所发展。从湖北江陵凤凰山汉墓中发现的毛笔来看，其笔杆要比战国晚期和秦代的毛笔略长，笔头直径也更大一些。因为出土时笔毫已经腐朽，所以笔头笔毫的长度无法确定，但应该不会比秦代毛笔的笔头短。之所以如此，也跟当时书写的需要有关。小篆和隶书是汉字发展的两个阶段，小篆是象形体古文字的尾声，隶书是笔画化新文字的开始，而秦汉是汉字由篆书向隶书过渡和发展的时期。汉代隶书字体较大，波磔（向左书写的撇叫作"波"，向右书写的捺叫作

"磔")增粗,并将小篆的圆转笔画改为方折,整个字形显得坚韧有力。为了适应这种书写方面的变化,汉代毛笔在笔杆长度和笔头的直径、长度上均有所增加。

汉代,随着生产的发展和全国各地各民族政治经济文化联系的加强,毛笔的应用更加广泛,加之造纸术的发明和书法艺术的发展,无不使得毛笔的需求量大增。毛笔生产规模的扩大也促进了毛笔制作工艺的进步和完善。汉代毛笔多用竹制笔杆,以硬毫为其正宗。东汉蔡邕在《笔赋》中说,制作毛笔要用冬天第三个月的野兔毛,因为那时天气最为寒冷,兔子的动作最为敏捷,兔毫也长而韧;笔管要用斑竹削制而成,然后用涂有漆汁的细丝把兔毫缠绕在笔腔外。这个描述跟出土的文物是相符合的。

东汉时,毛笔的形制大体确定,之后,毛笔的制作方法也逐渐定型。三国时期韦诞的《笔方》和传为东晋时期王羲之撰写的《笔经》都是介绍毛笔制作方法的。到了唐代,宣州(今安徽省宣州市)一带已经形成了制作毛笔的手工业中心,并产生了一批专事制笔的能工巧匠,用宣州附近的兔毫(配有鹿毫、羊毫)制作的紫毫笔也因之名扬全国。在宣州笔工中,尤以诸葛氏最为著名。唐代诗人白居易有《紫毫笔》诗一首:"江南石上有老兔,吃竹饮泉生紫毫。宣城之人采为笔，千万毛中拣一毫……每岁宣城进笔时，紫毫之价如金贵。"唐代女诗人薛涛在其《十离诗》的第二首《笔离手》中吟曰："越管宣毫始称情，红笺纸上撒花琼。都缘用久锋头尽，不得羲之手里擎。"

唐代的宣笔中，有一种锋短、形如鸡距的笔，被称为鸡距笔。它不仅令文人名士极为推崇，而且还成为进献朝廷的贡品。大诗人白居易就曾写过一篇《鸡距笔赋》赞扬它。唐诗僧齐己对其也有"锋芒妙夺金鸡距"的诗句。

宋代的制笔业达到了一个新的水准，无论是笔的种类还是制作工艺都大大超过了前代，宣笔的声誉也愈加显隆。在宣州制笔业中，仍以诸葛氏最为显赫，这个在唐时就享有盛名的制笔家族世代相传，聚族为业，制笔技术不断提高。尤其是诸葛高，成为宋代最著名的制笔高手，他制作的"无心散卓笔"，备受青睐，常被用作馈赠友人的贵重礼品，朝野上下都以能获得诸葛笔为幸事。

宋代许多著名文学家都有诗文对其称颂。如文学家黄庭坚在《谢送宣城笔》中写道："宣城变样蹲鸡距，诸葛名家捋鼠须。一束喜从公处得，千金求买市中无。"又如文学家梅尧臣有诗《次韵永叔试诸葛高笔戏书》曰："笔工诸葛高，海内称第一。"梅是宣城人,他曾将诸葛高所制之笔作为乡井珍品赠予文学家欧阳修,欧阳修非常高兴,赋诗《圣俞惠宣州笔戏书》,曰:"圣俞宣城人,能使紫毫笔。宣人诸葛高,世业守不失。紧心缚长毫,三副颇精密。硬软适人手,百管不差一。京师诸笔工,牌榜自称述。累累相国东,比若衣缝虱。或柔多虚尖,或硬不可屈。但能装管榥,有表曾无实。价高乃费钱,用不过数日。岂如宣城毫,耐久仍可乞。"此诗生动而具体地称颂了诸葛笔的质优价廉,经久耐用。

诸葛氏家族中除诸葛高以外,诸葛元、诸葛渐、诸葛丰、诸葛方等也很有名。除诸葛家族外,宋代宣城地区还有其他一些制笔名家。如清代梁同书《笔史》上引《林逋集》说:"予顷得宛陵(即今宣城)葛生所茹笔……每用之,如麾百胜之师,横行于纸墨间,所向无所不如意。"《笔史》上又说:"制笔谓之茹笔,盖言其含毫终日也。"

据《笔史》上介绍,自宋以来,出现了多种笔毫,有兔毫、羊须、羊毛、青羊毛、黄羊毛、鹿毛、麝毛、狸毛、鼠须、虎仆毫(虎仆又称九节狸)、虎毛、丰狐毛(丰狐为大狐)、猩猩毛、狼尾、石鼠毛(即土鼠毛)、貂鼠毛、狨毛(即金丝猴毛)、獭毛、鹅毛、鸭毛、鸡毛、雉毛、猪毛、胎发、人须、鼠尾等。除此之外,也有以植物为原料制成的笔,据《笔史》介绍,有荆笔、荻笔、竹丝笔、仙茅笔等。

宋代除有上述为绘写书画之不同要求而制作的不同笔毫品种外,在笔的大小上也出现了许多品种,还有为特殊需要而制的特种毛笔。据宋代苏易简《文房四谱》记载,宋代制作的笔有"大笔如椽者",可用于书写非常巨大的字体;也有写极小字的笔,"写小字,小如半麻粒许,瞬息而就,或于稻粒之上写七言诗一绝,分闲布白,历历可爱。"能在稻粒上书写一首七言诗,所用之笔当如何小巧,可以想见。从这条记载中,也可以了解到,至少在1000多年前,我国的微型书法艺术已经有相当高的水平了。

宋代除宣州外,歙县和黟县等地也都出产良笔。

各类毛笔

第一章　丹青与文事，舍此复何从——笔

如宣州之南的歙县、黟县等地也多有制笔的能工巧匠。在歙州（今安徽省歙县、休宁、祁门以及江西省婺源等地）有吕道人，黄庭坚在《山谷笔说》中称赞他"非为贫而作笔，故能工"。在黟州（今安徽省黟县）则有吕大渊，黄庭坚在《山谷笔说》中记载："黟州吕大渊，悟韦仲将作笔法，为余作大小笔十余支，无不可人意。"从以上记载可知，他们都是制笔能手。还有汪伯立，也是宋代制笔名家，他制的笔，当时曾列为贡品，为"新安四宝"之一。新安为歙州、徽州所

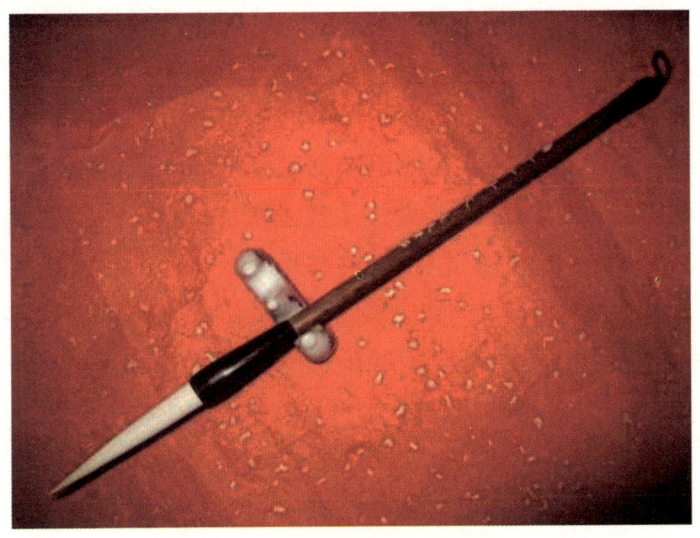

汪伯立笔

辖地区的别称,"新安四宝"指当时曾作为贡品的澄心堂纸、汪伯立笔、李廷珪墨和羊斗岭砚。

除上述制笔名家外,钱塘程奕、绍兴屠希、常州许顿等也都是制笔行家。当时由于笔的需求量较大,许多地方都有制笔工匠,如像前面欧阳修诗中所说,"京师诸笔工"多如"衣缝虱"。

自南宋偏安杭州,制笔业也随之由宣州一带移往以浙江湖州为中心的江浙一带,形成了新的毛笔产地。如前面提到的程奕、屠希、许顿等都是浙江、江苏的制笔名家。由宋入元,宣州地区受到战乱的严重冲击,昔日兴盛的制笔业日渐凋敝,金代诗人元好问在《刘远笔》一诗中感叹说:"宣城诸葛寂无闻。"在这种形势下,宣州笔工大多星散,其中一部分迁往浙江湖州一带,也将精湛的制笔技艺带到这一地区。湖州地区盛产长竹,清代江登云《素壶便录》载:"湖笔管出余杭县之文山。"毗邻的嘉兴地区盛产山羊,《笔史》说"羊毛,天下独出嘉兴,硖石(今浙江省海宁市)为第一",所以湖州善琏镇一带,便逐渐兴起制笔业,因善琏镇隶属湖州,故所产之笔称为"湖笔"。善琏又名善练,市有四桥,即福善、保善、庆善、宜善,四桥联络市廛,形如束丝,故名善练。自元以后,昔日声名显赫的"宣笔"便逐渐式微,并为"湖笔"所代替，湖州成为新的制笔中心，善琏镇也就成为大名鼎鼎的"湖笔"之乡了。

随着制笔业的发展，湖州地区也出现了许多技艺高超的笔工。据明代谢肇淛《西吴枝乘》记载，在元初"吴兴毛颖之技甲天下，元时冯应科者擅长，至与子昂、舜举并名，今世犹相沿尚之。其知名者曰翁氏、陆氏、张氏，皆兔毫也"。文中提到的子昂是指元代著名书画家赵孟頫，舜举是指元代著名画家钱选。冯应科的制笔声誉与赵、钱"并名"，足见其制笔技艺之卓越。据清代《归安县志》记载，当时把他们称为"吴兴三绝"（唐时曾改湖州为吴兴）。与赵孟頫关系深厚的张进中也是制笔高手。张曾以"一笔之工，数得持笔禁中"——他凭制笔技艺，得到宫中的认可与赏识。再有沈秀荣，元代文学家仇远曾有《赠笔工沈秀荣》诗："近知沈子艺稀有，洗择圆齐易入手。不论兔颖与羊毛，染墨试之能耐久。"称赞他技艺高超，深谙水盆、择毛、圆齐各项工艺，不论用兔毫抑或羊毫，都能制出经久耐用的优质毛笔。

除此之外，元代在湖州以及江浙一带还有很多制笔名工，如范君实、许文瑶、温生以及陆文宝等人。还应注意到，元代有一位少数民族出身的学者，也是制作毛笔的专家，名叫刘伯温（原名沙剌班）。他曾

湖 笔

参与编修《辽史》《金史》及《宋史》。他指导笔工，利用西北所产黄羊尾毫制成的毛笔，很受欢迎。

　　元代除湖笔外，湘笔也很著名。湘笔原为唐代郴州笔，元代则在今湖南长沙一带兴起。关于郴州笔，唐代诗人柳宗元曾有诗咏赞，在《杨尚书寄郴笔，知是小生本样，令更商榷使尽其功，辄献长句》中说："截玉铦锥作妙形，贮云含雾到南溟，……桂阳卿月光辉遍，毫末应传顾兔灵。"诗中对郴笔从外形到性能都做了很好的描绘。"湘笔"在制作工艺上，不像"湖笔"分层匀扎，而是杂扎不分层，不重笔锋颖，以水毫、兼毫见长。

第一章 丹青与文事，舍此复何从——笔

湖笔在元代兴起绝非偶然，是与当时文化发展分不开的。元代在文化的许多方面都有巨大成就，出现了许多书法名家，著名的有赵孟頫、鲜于枢、邓文原以及蒙古族书法家康里巎巎等。其中尤以赵孟頫的书法后世评价最高，以为可与晋代王羲之、唐代颜真卿相媲美。元代的绘画成就更加辉煌，著名画家除赵孟頫外，还有被称为"元四家"的黄公望、王蒙、吴镇、倪瓒。书画艺术的发展自然推动了制笔业的发展，促使"湖笔"兴起与发展。

入明以后，随着社会逐渐稳定，文化艺术得到进一步发展。明代在中国书画艺术史上是一个重要的阶段，出现了一些以地区为中心的名家与流派，尤其在江南地区，鸾翔凤集，荟萃了大批书画家。明代书画艺术的繁荣，促进了文房四宝的发展，制笔业也出现了新的面貌，湖笔声誉日隆。明代文学家屠隆在《考槃余事》中说："大抵海内笔工，皆不若湖之得法。"这说明当时全国各地笔工不少，但技艺都达不到湖笔的水平，湖笔至此已取得天下众笔之冠的地位。

明代湖笔产地也出现了许多制笔名家。元代已经出名的陆文宝及其子陆继翁，到明代时，名望更盛。曾棨在《赠笔工陆继翁》一诗中便记叙了陆氏父子的制笔成就，诗中说："吴兴笔工陆文宝，制作不与常

人同。自然入手造神妙,所以举世称良工。"又说:"制成进入蓬莱宫,紫花彤管飞晴虹。九重清燕发宸翰,五色绚烂皆成龙。"说明陆文宝所制之笔不仅质量优异,外观造型也极华美,曾入贡成为皇家御用之品。诗中又说道:"国初以来称绝艺,光价自此垂无穷。惜哉文宝久已死,尚有家法传继翁。我时得之一挥洒,落纸欲挫词场锋。枣心兰蕊动光彩,栗尾鸡距争奇雄。"曾诗先是惋惜陆文宝已于明初去世,使他的制笔技艺成为"绝艺",继而又称颂其子陆继翁继承父业,也制出极好的毛笔,尤其在"枣心""兰蕊""栗尾""鸡距"等品种上更是青出于蓝,达到了新的水平。陆文宝父子不仅擅长制笔,也广结文人名士,吸取采纳书画家们的灼见,改进制笔技术。明代陆树声《清暑笔谈》中记载,陆文宝在与当时著名书法家杨维桢的交往中,就深得"切磋之惠"。杨维桢还为陆文宝题写了"笔华轩"。

"吴兴笔工"施文用亦为湖笔制作的佼佼者,其制作的湖笔在明朝中期曾作为献给朝廷的贡品。其贡品"有细刻小标记云笔匠施阿牛",明孝宗觉得这个名字太过俚俗,令其改名施文用,后来,施文用以技艺高超而扬名当时。

由于绘画与书法艺术的发展,绘写工具分工也越来越细，毛笔也开始出现画笔与书笔的区分。明代高濂《遵生八笺》中的《燕闲清赏笺》里就说："余取杭人旧制笋尖笔桩最佳，后因湖州扎缚笔头为细腰葫芦样制，杭亦效之，最为可恨。初写似细，宜作小书，用后腰散，便成水笔，即为弃物。杭笔不如湖笔得法，湖笔又以张天锡为最，惜乎近无传其妙者。然画笔向以杭之张文贵首称，而张亦不妄传人……扬州之中管鼠心画笔，用以落墨白描，佳绝。水笔亦妙。"由这段记叙中，我们知道当时对写字作画用笔要求各有不同，看来当时画笔以杭、扬所产为佳，其中又有区别，杭州张文贵所制画笔最好，而扬州的中管鼠心画笔"用以落墨白描，佳绝"。然而，书写还是以湖笔为佳，是杭笔模仿不了的。笔种的分工与专门化，反过来也促进了书画艺术的发展。从这里也可以看出，明代的制笔技艺已达到了极高的水平。

明代著名笔家，湖州地区除上面介绍的陆、施等人外，尚有张天锡以及《笔史》上介绍的王古用等。江南其他地区，除"杭之张文贵"外，尚有许颖、刘节文、傅子封以及郑伯清等。

清代制笔名家，据《笔史》上说，清代学者、词人朱彝尊赠笔工钱叟序中写道："我朝名人诗文集中，标笔工姓名者，当复不少，予寡陋疏懒，不能遍检录出，倘有好事者为予补之则幸甚。"由此可知,清代笔家"当复不少",但"遍检录出"工作一直没有人做。清代书法家、藏书家梁同书除录有朱彝尊提到的钱叟外,又补了十几位,其中有刘必通和孙枝发。梁同书说:"今世京师散卓水笔,此二家最擅长。"梁又说:"夏岐山、沈茂才、潘岳南、王谔廷、陆锡三、姚天翼、沈秀章、王天章、陆世名,以上九人予常用其笔,岐山、岳南制尤佳。"梁同书还为已亡故的夏岐山、潘岳南写诗悼念:"曾闻笔是文章货,健锐圆齐制必良。可惜夏潘亡已久,一番抽管一悲凉。"表达了自己对这两位制笔良匠去世的"悲凉"、惋惜与深切怀念之情。

此外,清代书法理论家包世臣在《艺舟双楫》中提到笔工王永清,说他制笔精良。书中还叙述了清代湖州笔工到其他地方发展制笔业的情况。如湖州善琏镇笔工王兴源,到江苏扬州开拓制笔业务等。从清初直到近代,全国各地开设笔庄的,如北京的戴月轩、贺莲清、李玉田,以及前面提到的刘必通、孙枝发;上海的周虎臣、李鼎和、杨振华;苏州的贝松泉等,大都是湖州善琏镇人。湖州笔工外流到京、沪、江浙各地,将制作湖笔的高超技艺传播开来,从而推动了各地制笔业的发展,对文化事业的繁荣起了巨大的推动作用。清代也出现了一些集产、供、销为一体的笔庄。

据传乾隆初年，湖州王姓笔工，在京卖笔，其时正值闱试，某举子购得其笔，竟中状元，王笔立成奇货，人人争购，遂号其笔为"一品笔"，王后来在湖州建场设肆，号"王一品笔庄"。

湖笔兴起之后，宣州笔业渐趋凋敝，但仍有一些工匠，保持宣笔的传统工艺，继续生产。据记载，至清代仍有"刘、程、崔三姓聚族各千余家，强半攻其业"（《素壶便录》）。此外，流散的宣城笔工，也有一些依附于墨业，使不少墨庄也能制作毛笔，出现了兼制与兼营毛笔的墨店。其中有些还兼营纸业，出现全面综合经营文房用具业的商家，这也是文房四宝业的新发展。

明清时代，经济和文化的繁荣发展，也促进了制笔业的发展。柔软圆转的羊毫笔，坚硬锐利的紫毫笔，刚柔相济的兼毫笔，坚挺锐健的狼毫笔等，各种特性应有尽有，相辅相补，各扬其长，出现了毛笔品种的完整系列，形成具有不同功能的笔种体系。

明清两代，羊毫笔盛行。以羊毫制笔虽较早，但明以前，纯羊毫笔使用很少，书写绘画多用较硬的兔毫、狼毫或兼毫。自明代起，羊毫才真正脱"颖"而出，明代文学家瞿佑在《羊毫笔》诗中称赞说："刚柔何必吹毛问，耐久真堪作友朋。"清代乾隆皇帝以及高官显宦翁方纲、刘墉、梁同书等人都喜欢使用比紫毫、狼毫更加柔软的羊毫笔。因此，羊毫笔更加盛行。如邓石如、伊秉绶等书法家，用羊毫笔书写篆、隶字体，婉转自如，流畅舒展，别具一番新趣。湖州盛产山羊毛，以锋颖细长，粗细均匀，柔润适宜而著称，特别宜做长锋羊毫笔。羊毫笔的流行更加促进了湖州笔业的发展，时至今日，羊毫笔仍是湖笔中主要品类，也是书画界最常用的笔种。

明清众多制笔名家不仅在笔毫上大展技艺，各显其能，在笔的外形上，也多彩多姿，有管笔、斗笔、楂笔（楂笔笔管短粗，宜书大字）等。在管料上更是各显其华，穷尽奢豪。有金管、银管、镂金管、玉管、瓷管、象牙管、犀角管、琉璃管、斑竹管、棕竹管、紫檀管、花梨管、漆木管等，真是林林总总，美不胜收。此外，在笔管的装饰上，更是巧用绘雕，精施镶嵌，使支支笔翰，管管毛颖，都成为精刻华饰的工艺品，藏之用之，真如怀瑾握瑜了。明清两代，以湖笔为代表的制笔业，确实达到了我国毛笔制作史上的巅峰。

二、毛笔的种类

五代时期，武将出身的后汉大臣史弘肇在一次宴会中说："安定朝廷，平戡祸乱，有长剑大枪就足够了，至于什么毛锥子又有什么用呢？"在场的另一位大臣王章就反驳道："光有长剑大枪，没有毛锥子，那军队的物资给养又从何而出呢？"暂且不管他们争论的意义如何，这里把毛笔说成"毛锥子"倒是形象得很。

一说起"锥子"，我们脑海中就会浮现出圆杆尖头的锥状物，而尖和圆恰恰是毛笔头的特征。明代屠隆的《考槃余事》上说，笔的制作以"尖、齐、圆、健"四个原则最为重要。"尖"指的是笔锋尖如锥颖，这样书写时才有利于勾捺；"齐"指的是笔锋不但要尖还要整齐，没有错落参差的现象，这样书写时才会吐墨均匀；"圆"指的是笔头浑圆、挺直，不凸凹，不开叉，这样书写起来才会流利；"健"指的是笔头富有弹性，既刚且柔，这样书写时笔力才容易显现出来。

唐朝大文学家韩愈曾写过一篇文章《毛颖传》，

以拟人的手法叙述了毛笔的历史。作者不仅给毛笔取了个"毛颖"的名字，还煞有介事地考证了其先祖，郑重其事地叙述了其身世家史。其中在讲到占卜者向蒙恬形容要围捕的动物特征时，说它们没有角，牙齿也不锋利，穿着短布衣，嘴有缺口并且胡须很长；它们心眼灵活，似乎有八个心窍，总是喜欢蹲着，就要用它们的毛来制作书写工具，这样秦就可以一统天下了。从形态特征上来看，占卜者嘴里所说的"毛氏之族"显然指的就是兔子。

　　以兔子的毛来制作毛笔的历史可谓久长，而且早期的毛笔也主要采用的是兔毫，这从出土的战国和秦汉时期的实物中可以得到印证。东汉时期的高诱说，在黄帝时期仓颉造字兔子之所以在夜里痛哭，就是害怕文字发明出来之后，要用它们的毛来制作毛笔，从而危及它们的身躯。这也从另一个侧面反映了高诱所处的东汉时代，笔头制作的原料主要就是兔毫，而毛笔的大量生产造成了成批野兔被捕杀的事实。魏晋以后兔毫或者紫毫便逐渐成为毛笔的代名词了。紫毫就是兔毫，之所以叫"紫毫"，是因为毛笔制作多选用野兔背上夹脊的两行箭毛，这一小撮弹性最强的毫毛多呈紫色。野兔在古籍中也常常被称为"奇兔""狡兔""山兔"或者"中山兔"等，它们的皮毛一般呈

第一章 丹青与文事，舍此复何从——笔

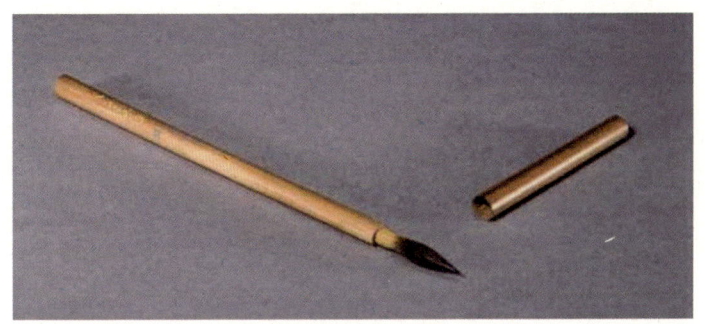

玳瑁管紫毫笔

黄褐色，而背颈上呈紫色的毫毛比其他的毛要长一些，而且坚硬锐利、富有弹性，最适合制作毛笔。其他部位的毫毛稀疏细短，并不适宜用来制作笔。一张兔皮上可用的紫毫并不很多，这也直接造成了紫毫毛笔的价值较高。

是不是所有兔子的毫毛都可以用来制笔呢？情况大概不是这个样子。相传是王羲之撰写的《笔经》开头就说，汉朝的时候，朝廷要求各地都要进献兔毫，结果只有赵国进献的兔毫最为中用。汉代的封国赵国在现在的河北邯郸一带，当时，那里是一片平原，兼有大泽，树木荆棘很少，加之有合适的温度和湿度，所以那里的野兔毛质特别好。由此可见野兔的产地对兔毫的质量有着直接的影响。当年苏东坡曾攒了好几十张兔皮去制作毛笔，笔工看了兔皮之后说，这些都是南方的兔皮，没有抵御过霜雪，兔毫稀疏轻软而不中用。苏东坡这才意识到，并不是所有的兔毫都可以用来制笔。后来，苏东坡被贬谪到了儋州，也就是现在的海南一带，那里市面上售卖的兔毫笔看着似乎还不错，但是稍微一使用，笔头上的兔毫就散乱难以使用了。

哪里的兔毫是制笔的上佳材料呢？唐朝诗人白居易在一首《紫毫笔》的诗中说，宣州紫毫笔的笔尖像锥子一样尖，像刀子一样锋利，制作相当考究。地处江南的宣州（也就是现在的安徽宣城一带）青山碧水，茂林翠竹，生活在那里山石上的老山兔，吃的是新鲜的竹子，饮的是甘甜的泉水，这样背上才生长出紫毫来。宣州的制笔匠人把这些老兔捕捉到，从众多的毫毛中只选取背上那一小撮制笔。万里挑一的原材料加之复杂的制作工艺，使得宣州紫毫笔如同黄金一样珍贵。唐代的文人对宣州的紫毫笔推崇得无以复加，诗人耿沣就在一首《咏宣州笔》中夸张地说道，如果不用宣州笔，那么绘画和写文章就完全没有办法了。

既然紫毫笔价值这么高，纯用紫毫制成的毛笔自然就不会很多。多数的笔还是夹杂有其他毫毛的"兼毫"笔。

兼毫毛笔之所以使用得更为普遍，一方面是因为兔毫原材料难得，而另一方面则是因为兔毫比较硬，"刚柔相济"的中庸之道才能使得毛笔更适于书写，所以要配有一些柔软的毫毛。最先也是最为常用的副材料可能就是鹿毛和羊毛了。前文提到的秦笔就是用鹿毛做笔芯、羊毛包在外层的"苍毫笔"。鹿毛的软硬介于兔毛和羊毛之间，也耐书写，用来制笔也是相当不错的材料。所以晋代的王隐就说："制作毛笔难道就一定要使用兔毫吗？其实书写起来得心应手且经久耐用的笔还有鹿毛笔嘛。"（《艺文类聚·笔铭》）

可是，跟兔毫存在的一个同样的问题就是，可以获取鹿毛的途径也并不很多，也不是很容易就能够得到的。所以最终使用得也不普遍。

宋朝初年的时候，江东那一带兔子比较少，制笔的原材料亟缺，北方的商人就把北方的兔皮贩运到南方来谋取巨利。如此这般，还是供不应求，于是南方民间就开始尝试着用纯山羊毛制笔。谁知道，如果制作工艺得当，羊毫笔的使用效果并不比兔毫笔差。羊毛细长柔软，耐书写，笔锋可以做得相对较长。羊毛优于兔毫也恰恰就在这个地方——长锋的笔有利于悬着肘和腕书写行书和草书。更为主要的是，纯羊毛笔的出现，大大地缓解了制笔原材料不易得的状况。羊毛一般用的是公山羊毛，而山羊基本上全国各地都有，不像取得鹿毛需要捕猎，更不像兔毫那样受季节、数量、地理环境以及取毛部位等多重限制。虽然羊毛跟兔毫相比较而言显得柔软，但是写字时只要善于控制，照样可以写出刚劲挺拔的字来。

　　山羊多，出毛率也大，所以羊毛笔的价格就相对低廉，往往只有兔毫笔的几分之一甚至十几分之一。宋以后羊毛笔大量应用，但主要用于民间，使得它逐渐成了次等笔的代名词。南宋诗人刘克庄就在其《羊

羊毫笔

毫笔》一诗中直言不讳地说,羊毫笔的使用就是因为兔毫太过稀少,这种笔只适宜居住于茅屋草舍的平民使用,是无法登上大雅之堂的。可是因为价格低贱,一些年轻人就贪图便宜,纷纷使用羊毫笔,可是羊毫笔的书写效果跟兔毫笔相比,那差得不是一点半点,就像没有骨头的蚯蚓一样绵软。

其实,也不是所有羊毫笔都像刘克庄说的那么不堪。我国地域广阔,各地的山羊品种繁多,羊毛的品性和质量自然也会有相当大的差距。一般情况下,冬季越寒冷,山羊毛的质量就越好;虽然羊毫多用公羊毛,但是母山羊身上的优质"尖锋"却要比公山羊的毛更好;没有交配和阉割过的公山羊身上的"光锋"要比已经交配和阉割过的公山羊的毛好,等等。

在羊毫笔投入使用的初期,选料和制作工艺的不规范,使得人们对羊毫笔的评价各异也是很正常的现象。后来,湖州的制笔匠人对羊毫的产地、选料加以规范以及对配方进行改进后,羊毫笔才真正崛起,并得以同兔毫笔分庭抗礼。

除了兔毫笔和羊毫笔之外,我们最为熟悉的可能就是狼毫笔了——我们在商店买毛笔的时候经常可以在笔管上看到"狼毫"的字样。我们在看笔的时候也许会产生一个小小的疑问:狼一般是灰色的毛啊,怎么这笔头的毛却是黄褐色的呢?其实这个所谓的"狼毫",并不是真用狼的毛制成的,我们犯了一个因名推义的错误。狼毫笔的原料采自于鼬的尾毫,鼬通体呈棕黄或者橙黄色,所以又叫"黄鼬",俗称"黄鼠狼",这就是"狼毫"得名的来历。

一般来说,狼毫比较硬,弹性也仅次于紫毫,因而适宜于书写中小楷书和行草,也适合绘画。黄鼬在我国分布甚广,尤以产于东北寒冷地区的黄鼬毫毛最适合做笔。不过,不同的季节黄鼬的皮毛和尾毛的差距还是比较明显的:夏季炎热,因为要散发热量的缘

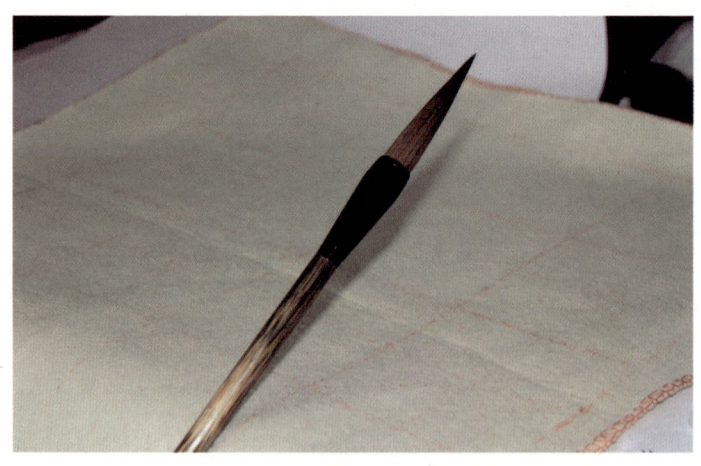

狼毫笔

故，黄鼬的毛不但稀疏，而且很短，毛的质量也最为低劣。春秋两季均是黄鼬换毛的季节。春季，冬毛已经干枯，毛锋产生弯曲，毛质一般。秋季，夏毛还没有完全脱落，冬毛也还没有完全长成，毛质也一般。冬季气温低，黄鼬需要御寒，故而毛的密度很大，毛杆也长，所以质量最好，是制笔的上佳材料。

  黄鼬并非通体的毛都适宜制笔，因为除了尾毫外，鼬其他部位的毛如果制笔的话就显得太短了，也过于柔软。只有黄鼬尾毫弹性强而且坚挺，以此制成的毛笔写字刚劲挺拔，渐渐被大多数人所喜爱，宋元以后大有取代兔毫的趋势。宋朝的沈括在其《梦溪笔谈》中就讲到了宋朝大臣刁约出使契丹时，契丹赠送了他十支狼毫笔（刁约的诗中说："饯行三匹裂，密赐十貔狸。"古代契丹就把黄鼠狼称之为"貔狸"，在这里"貔狸"指的就是狼毫笔）。当时契丹在我国北方，占有现在东北一带，这也在一定程度上印证了黄鼬毛的产地对制笔的重要性，也说明了东三省以狼毫制笔的悠久历史。

  不同地域的黄鼬毛不但质量差别很大，而且名称也不尽相同。东三省一般把黄鼬尾叫作"东北元尾"，尾毛呈黄、橙或火红色，毛杆直立挺拔，手感细腻光滑，有光泽；山海关、张家口一带则把黄鼬尾称作"京东尾",尾毛一般呈黄色或黄褐色,手感一般,稍有光泽;黄河中下游地区产的黄鼬尾俗称"腹地尾",尾毛也呈黄色或黄褐色,手感一般,稍有光泽;长江沿岸和江南各地的黄鼬尾一般就叫"长江尾",尾毛一般呈红褐色或黑褐色,毛杆柔软弯曲,手感粗糙干涩,没有光泽。从这里也可以看出来,东北的黄鼬尾质量是最为上乘的,所以古代北方的笔工多善于制作狼毫笔也就不足为怪了。

综观所有笔类,鼠须笔可能是令我们最为好奇的了。《世说新语》上说书圣王羲之和大书法家钟繇、张芝都是用鼠须笔写字的。唐朝人何延之的《兰亭记》中更是直言,绝世名作《兰亭序》就是用鼠须笔在蚕茧纸上写的,这就更增添了鼠须笔的传奇性。后人对此津津乐道之余,更是认为这些名家的书法之所以出神入化,除了其本身的功力外,还得力于这世间稀有的鼠须笔。

可是相传是王羲之所写的《笔经》中就对鼠须笔表示了怀疑,他说,世间都传说钟繇、张芝写字用的都是鼠须笔,因为老鼠的胡须刚劲有锋芒,写字更有力度。可是我并不相信这种说法。秋天的兔毫制成的笔,用起来才得心应手。况且老鼠的胡子非常难以得到,用它来写字效果也未必真好。所以,这很可能就是好事之徒胡乱说说罢了。

　　这几句话说得入情入理，使我们在对鼠须笔神往的同时也不免有所思忖。另一方面，我们从传世的几个《兰亭序》摹本中可以发现，其字收放有度，不厉不激，潇洒俊逸，遒媚多姿，不像是劲硬的兔毫所写，更不可能是比兔毫更为刚劲的老鼠胡须所书，而应该是刚柔相济的毫毛所写。我们有理由相信所谓的鼠须笔并不是用老鼠的胡须，或者并不是完全用老鼠的胡须制成的。

　　宋代四大书法家之一的蔡襄曾经给欧阳修的《集古录》写序言，书法浑厚端庄，淳淡婉美，堪称佳作。作为润笔，欧阳修便以鼠须栗尾笔和铜绿笔格相赠。蔡襄见物非常高兴，觉得这两件礼品清雅而不落俗套。那么鼠须栗尾笔的"栗尾"是什么呢？宋代训诂家陆佃的《埤雅》上说：鼬鼠善于捕鼠，跟貂长得很像，有赤黄色的大尾巴，现在一般称之为"鼠狼"……栗鼠就跟鼬鼠差不多，但是要比鼬鼠小一些，皮毛也黑一些。用栗鼠的尾毛制成的笔就叫作"鼠须栗尾"笔。这就清楚地告诉了我们，所谓的"鼠须栗尾"笔就是用黄鼠狼的尾毛制作的，并不是用老鼠的胡须。由于各个时期各个地方对黄鼠狼的称呼不同，就很容易导致对鼠须笔的误读。

直到元代，人们仍然经常性地把狼毫称之为鼠毫或者黄鼠须，并且其使用范围也大大地扩展了。明清时期鼠须仍然被用作狼毫的代称。明代学者谢肇淛在《五杂俎》中说：鼠须过于硬劲了，不适合做笔，做成笔也不适宜书写。鼠须虽然叫"须"，但其实是尾毛，而且"鼠"也不是家鼠而是"栗鼠"，也就是黄鼠狼。接着，谢肇淛又推测钟繇、王羲之所用的鼠须笔很可能就是兔毫掺有栗鼠毛制成的。

虽然栗鼠须笔用的是黄鼬尾毛，并且谁也没有见过真正的纯用老鼠胡须制成的笔，不过这并不妨碍文人墨客写诗作赋来歌咏鼠须笔（老鼠胡须制成的笔）。宋代的苏东坡和明代的谢宗可都写过类似的诗篇，不过都是开开玩笑罢了。

所以，古书上所说的鼠须一般指的就是狼毫，或是其他毫毛夹杂几根老鼠胡须而已。当清朝中后期"狼毫"这个名称兴起之后，"鼠须"这个代名词便渐渐被人们遗忘了，以致让我们一度产生困惑。

兔毫、羊毫、狼毫在中国的制笔历史上鼎足而三，是应用最为广泛的。不过这并不是说就不能用其他毫料了，恰恰相反，可以用来制笔的毫料非常之多，甚至可以说只要是动物毛，我们的古人就能够把它们制成毛笔。唐代段公路的《北户录》便记载了鸡毛笔、

第一章 丹青与文事，舍此复何从——笔

鸭毛笔、雀雉毛笔、丰狐毫笔、虎仆毛笔、麝毛笔、马毛笔等种种名目的毛笔。

除了动物的毛羽，植物纤维也曾被拿来做笔毫。任昉在《拾遗记》中说，有一个叫任末的少年曾经利用荆条的纤维来蘸墨写字。明代学者陈献章在隐居期间，缺少毛笔，便将茅草捶细，择出其中的筋脉扎缚起来做成笔，据说写字效果还很好。此外，也有用藤条或棕丝制笔的。但总的来说，毛笔的毫料还是用兽毛比较好，用植物纤维制成的毛笔，写大一点的字还行，用于日常案头书写恐怕就不行了。

三、毛笔的制作与笔工

各类毛笔的制作都须经过选料、除脂、配料、梳洗、顿押、卷头、拣齐、扎头、装头、干修、粘锋、刻字、挂绳等工序。概括起来就是俗称"水盆"（在水盆中操作的工序）和"干活"（装头、干修等无水工序）两大工序。水盆工序是决定毛笔用途和质量的关键。

毛笔的装潢是干活中的后期工序。包括笔杆刻字、

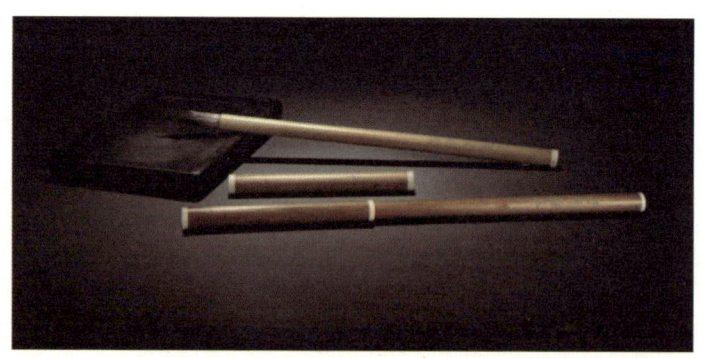

明清毛笔

刻画、浮雕、漆画、镶嵌、掐丝、加笔头碗、尾头、挂绳等，体现毛笔的富丽典雅，有些附件还起到加固笔杆的作用。

宋代的黄庭坚认为，在文房四宝的制作中，难度最大的就是笔的制作。那么，笔的制作难表现在什么地方呢？黄庭坚认为首先就是挑选毫毛，而挑选毫毛的难度就在于怎样才能准确精妙；其次，是笔头的制作，其难度在于怎么才能合乎"尖、齐、圆、健"这四个标准。俗话说"毛笔一把毛，神仙也摸不着"，说的就是笔头制作难以把控。元代诗人方回也说，如果把文房四宝比喻成四位贤人，那么毛笔的"境界"最不易达到，因为毛笔的锐钝和肥瘦的分寸非常不好拿捏。（方回《桐江续集》卷二十："文房四宝拟四贤，最不易致管城伯。乍可微钝勿太尖，又恐过肥宁少瘠。"）所以，一个优秀的笔工极为难得。

制笔的匠人中有才华的相当多，以至于文人士大夫并不把笔工当成地位卑贱的"百工之人"，而誉之为隐于制笔业中的高雅之士。清代诗人沈德潜就在《清诗别裁集》中介绍了善于作诗、行事不苟的笔工沈源。当技艺与文化结合，那么一名优秀的笔工就必须具备一些形而上的东西了——不但要制笔技艺高超，而且还要深谙书法精髓；不但本职工作兢兢业业，而且还不能贪财嗜利。否则，就很难达到"技可进乎道，艺可通乎神"的境界了。

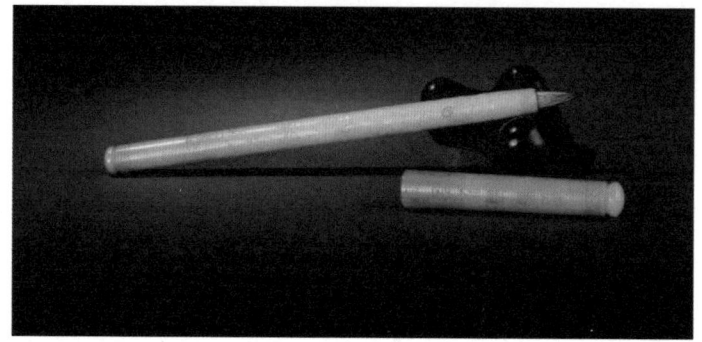

清代毛笔

第一章 丹青与文事，舍此复何从——笔

四、古人心目中的毛笔

在纸还没有大规模应用之前，读书人一般都是随身带着小刀和笔，以方便随时在竹简或木板上书写和修改。秦汉时期的刀笔吏更是以书写公文为能事，后来便把一个人能写一手好文章称为"刀笔精通"。随着纸张取代了竹简，我们便把善于写文章的人称为"笔杆子"了。久而久之，笔的意象便和文事捆绑在一起了。当年班超在抄书抄得不耐烦的时候，把笔扔在地上，长叹道，我堂堂男子汉大丈夫，应该像傅介子执杀楼兰王、张骞出使西域那样，在异国他乡建立功勋，怎么能整天拿着笔在这里抄抄写写呢！后来文人从军就叫作"投笔从戎"。

大约就是从这个时候起，"投笔"这个动作就成为一个固定的意象，成为男子汉大丈夫不安平庸、志存高远的象征。在重文轻武的宋代仍然还有此等人物。作为宋太宗的后裔，赵士𨽻五岁时就补右班殿直（宋代武散官名，后改为保义郎），长大成人后读书习文，

明清毛笔

月试常常位居前列,一切都是那么的正常。可是突然有一天他也"投笔"了,并且唉声叹气道:"我听说古时有一位贤德之人,不愿意皓首穷经做儒生,而是西出玉门关,半生戎马倥偬,最终佩戴王侯之印,敢问这是哪位先辈啊?"("昔贤有不愿为章句儒,出玉门关,佩侯印者,彼何人哉!")赵士隆显然是明知故问,如此说话当然也是要显示一下英雄气概喽。当然,赵士隆也并不含糊,在文事大盛的宋代毅然放弃科举,从一个小小的县吏做起,硬是凭借着自己的功绩,一步步升至淮南路兵马钤辖。所以他的"投笔",颇有些"堪羡昔时军伍,谩夸儒士德能多。四塞忽闻狼烟起,问儒士,谁人敢去定风波"的壮慨。

第一章 丹青与文事，舍此复何从——笔

不知不觉间，一支笔便将文和武的界限明晰化了，笔似乎成了文人特有的象征。笔作为书写工具对于以作文为生的文人来讲，其重要性不啻农具之于农夫。这样，文人以笔为文跟农夫用锄耒耕种便有了某种契合，文人也便把自己的辛苦属文称之为"笔耕"，意思就是以笔为锄耒来维持生计。所不同的是，跟农夫相比，文人"笔耕"是不必交税的（清代伊秉绶《砚铭》语）。

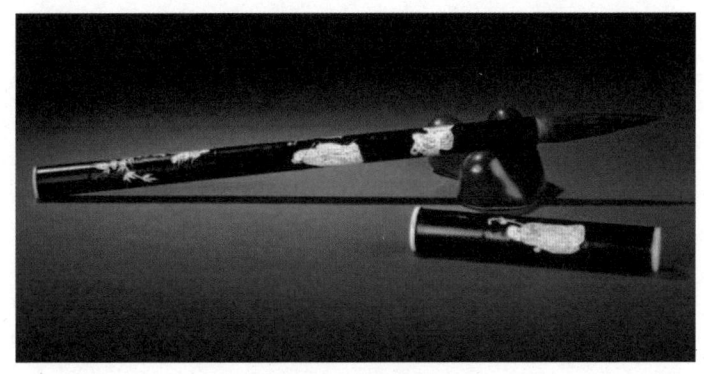

明清毛笔

小结

文房四宝，笔居其首，作为书写工具，中国毛笔在前工业化时代罕见其匹。在古埃及的芦管笔和欧洲的羽毛笔早已退出历史舞台的时候，中国的毛笔则至今兴盛不衰，并且在书法和绘画领域占据着举足轻重的地位，展现着与众不同的魅力，进而成为中国文化的象征。

第二章

因君强濡染,舍此即忘筌——墨

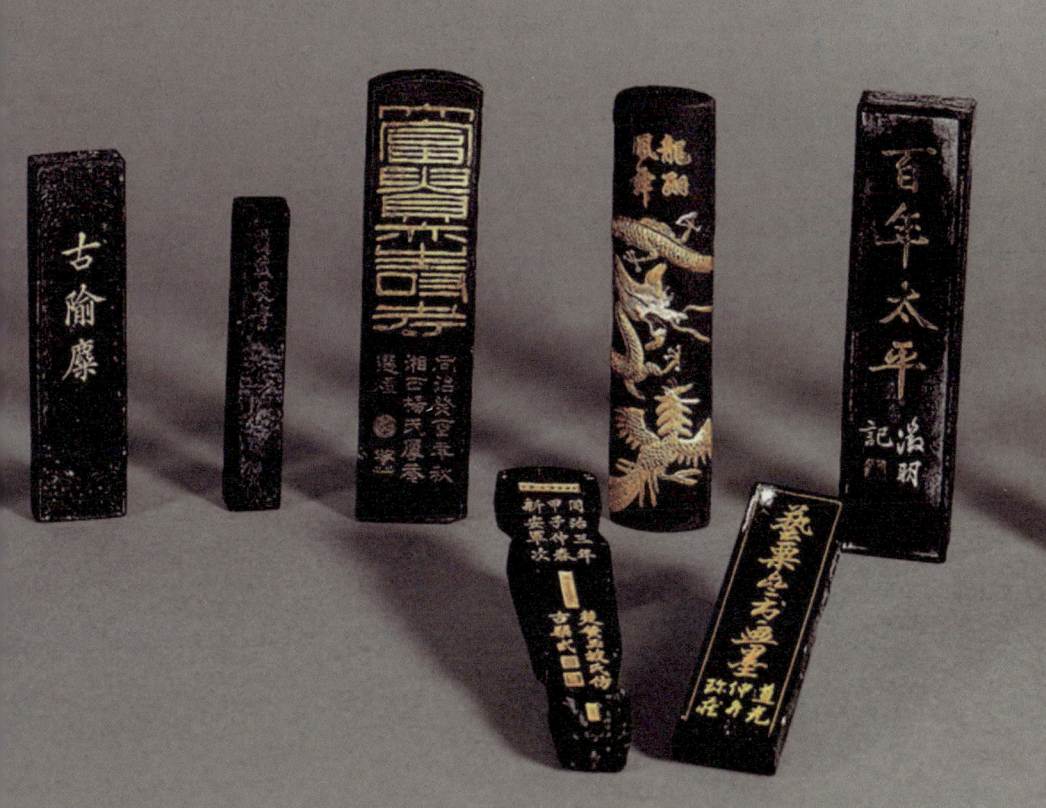

一、"墨"的起源

　　能够使文字留诸后世的整个书写过程，可以不用纸，可以不用砚，但是绝不可能不用广义上的"笔"和广义上的"墨"。不用"笔"就没办法"写"，没有"墨"就没办法让文字显形。所以，广义上的"墨"跟"笔"的历史同样悠久。之所以说"广义上"的"墨"，是因为早期的颜料跟后世人工制作的墨是不一样的。20世纪70年代，在陕西省西安市临潼区姜寨的新石器遗址中出土了几块黑色颜料，都是取自天然的矿物质（氧化锰、三氧化二铁等），所以我们可以把这种矿物颜料叫作"矿物墨"，古书上常常提到的"石墨"就是这种东西。

　　除了"矿物墨"，天然的"墨"还包括"植物墨"和"动物墨"。用刻刀割那些树汁有颜色的树，取树汁充"墨"用来书写，这就是"植物墨"；"动物墨"主要是指乌贼肚子里排出的墨液。

　　早期的"墨"都是这样取诸天然的，可是自然的馈赠仅仅给我们人类文明的早期开了一扇窗,随着社会的发展,天然"墨"的种种弊病暴露无遗,这就促使我们的先人寻求更好的材料、研制更好的"墨"。

人工制作的墨也就是我们通常所说的"墨"。那么这种墨是怎么起源和发展的呢?我们知道,在三代通常用火烧龟甲或牛胛骨进行占卜。《礼记·玉藻》中说:"占卜的时候,由卜人选择龟甲,由史官在龟甲上画出墨痕,由君主对占卜的结果做出决断。"清人孙希旦注释说:"占卜的人用火来烧龟甲,以龟甲裂开的纹路来判断吉凶。顺墨裂开的粗大纹路叫作'兆',没有顺墨裂开的细小纹路叫作'坼'。裂痕顺着墨痕就是吉兆,没有顺着墨痕就是凶兆。"古人经常提到的"墨龟"就是先用墨涂写在龟甲上的意思。在河南安阳的殷墟中出土的众多甲骨中,有些甲骨上确实残留有或黑或红的颜料,经化验这些红的颜料是朱砂,黑的颜料就是碳的单质,而碳的单质恰恰就是现代墨的基本原料。

从以上文献的记载以及一些出土的物件上的色迹来看,早在3000多年前的殷代,巫觋们就用朱砂及墨等颜料来书写文字了,所以墨的起源至少可以推至3000多年前。

关于早期人工墨的实物,已陆续有出土发现。

1975年在湖北云梦睡虎地秦墓中就出土有丸状墨及研墨工具。这是迄今为止发现的最早的人工墨，距今已有2200多年。

经研究，上述秦墨是用松烟与黏合剂拌和制成的。早期的人工墨的主要成分多为松烟（将松枝经过不充分燃烧制得），黏合剂是用鹿胶、麋胶，以后也用牛胶，最后由手工捏制而成。由于墨丸块体碎小，使用时需将墨丸放置在砚石上用研石压磨，所以早期的砚附有研石。这与以后用墨的方法是不同的。

第二章　因君强濡染，舍此即忘筌——墨

二、墨的发展和沿革

墨在汉代，制作上已有了较大进步，制墨业已初具规模，出现了许多名墨产地与制墨名匠。在名墨产地中，最著名的是隃糜地区（今陕西省千阳县一带），元代伊世珍所撰的《琅环记》中说："汉人有墨，名隃墨。"宋代晁贯之《墨经》说："汉贵扶风隃糜终南山之松。"终南山又称南山，古代常代指秦岭山脉。《诗经》上说："秩秩斯干，幽幽南山，如竹苞矣，如松茂矣。"可见这一带自古就生长茂密的松林。由于树龄古老，枝条中油脂含量高，极适于烧烟制墨，因此当时隃糜地区一带成为名墨产区是很自然的。除隃糜地区产墨外，延州（今陕西省延安市）等地也都产墨。

隃糜地区所产之墨，因原料上乘，制作精良，当时已成为墨中佳品。《汉官仪》中有"尚书令、仆、丞、郎，月赐隃糜大墨一枚，小墨一枚"的记载。又据《文房四谱》上说：汉代"皇太子初拜，给香墨四丸。"

这些说明了在汉代隃糜地区所产之墨，已经成为官府行政办公的必用物品，甚至还作为皇家的赏赐品。从记载上，我们还可以知道当时的墨已有了大枚、小枚的区分，并已出现了添加香料的高档墨。由于隃糜古时产墨，又最著名，因此"隃糜"也就成为墨的别名。后世制墨者，也多以"古隃糜"为墨名，以夸墨之名贵。

随着制墨业的发展，当时也出现了一些名墨工，如明代麻三衡所著的《墨志》上，就记载有田真等人。

汉代人工墨虽有了一定的发展，但生产规模不大，天然墨（主要是石墨）仍占较大比例。《文房四谱》上记载："陆士龙与兄曰：一日上三台，得曹公藏石墨数十万斤，……今送二螺。"陆士龙即陆云，其兄为陆机，字士衡，二人同为西晋文学家，时称"二陆"。文中的"三台"是指汉建安十五年（公元210年）曹操（即文中"曹公"）在邺城（今河北省临漳县）所建的铜雀台、金虎台、冰井台。曹操在冰井台藏储大量石墨。北魏地理学家郦道元在《水经注》上对此更有详细记载："邺都铜雀台北曰冰井台，高八尺，有屋一百四十间，上有冰室数井，井深十五丈，藏冰及石墨焉，石墨可书。"

以上记载说明当时"可书"的石墨还在大量储存与使用。再有，从陆云送其兄陆机的石墨为"二螺"看，当时"螺"是墨的一种单位名称。唐代段公路所著《北户录》也记载有"南朝以墨为螺"。所以称为"螺",可能是由于墨为螺状。历史上墨的单位名称也是多种多样的,并不统一,有时也是交错并用。如上面已提到的就有丸、枚、螺等,历史上还出现过量、笏、挺、锭、块等。

  关于汉代墨的实物,在现代的考古发掘中,已有多次发现。1957年在一座汉墓中,曾出土有墨,"……成馒首形……手捏制作……"。1964年在河南陕县的汉墓中,曾出土了五块墨,出土时这些墨分别和削(书刀)、石板砚等文具放在一起。1973年在山西浑源县的汉墓中,发现了一块长2.5厘米的较完整的半圆锥形墨丸,这是出土的西汉墨丸中较大的一块。1975年在湖北江陵市的一座汉墓中,也发现有五块碎墨。1983年在广州市的一座汉墓里,出土一些墨丸,每个直径为0.81—1.24厘米,均为圆饼形,看来是将糊状原料滴聚而成,墨丸质地细腻。这种墨丸不能执握,仍需用研石研磨。

  人工墨的最初形状是粉状,使用时加水调和。汉代许慎在《说文解字》上说:"墨,书墨也,从土从黑。"说明早期墨是土粉状的。随着制作与使用上的变化,墨形也有所改变。前面说了,秦墨和汉墨已有丸状、螺状，需用研石压磨，但有的汉墓中又有两头尖细、中间略粗、"握子"形状的墨出土。其表面尚有以手抟攥的痕迹。这种墨可执握研磨，便于使用。这说明当时已开始出现可直接研磨的墨。在一段时间里，使用研石与直接执握研磨两种形式并存，重叠出现。以后，研石才逐渐消失。随着历史的发展，墨形越来越丰富多彩，更加多样化与艺术化，明清时达到极致，如明代程君房、方于鲁等，所制之墨形制高达数百种之多，关于这些，后面还会说到。

在我国制墨史上，汉代是一个转折时期。这时期松烟墨大量出现，为以后相当长的一段时间内制墨业的发展奠定了基础。前面说了，"汉贵扶风隃糜终南山之松"，《墨经》又说"松烟之制尚矣"，说明松烟墨在汉代已经广泛使用。稍后的魏曹植也有诗曰："墨出青松烟，笔出狡兔翰。"松烟所制之墨，色黑，质细，易磨，在"油烟"墨出现之前，松烟是我国人工制墨的主要原料。

前面介绍过的三国时代的韦诞，他不仅是制笔名手，同时也是制墨专家。元代文学家陆友的《墨史》上说："洛阳许邺三都宫观始就，诏令诞题署以为永制，给御笔墨皆不任用，因奏蔡邕自矜能书，兼斯、喜（李斯、曹喜）之法，非纨素不妄下笔。夫欲善其事，必利其器,若用张芝笔,左伯纸及臣墨,兼此三具又得臣手,然后可以逞径丈之势,方寸千言。"这是说,当时皇帝命韦诞题写榜额,但宫中所供笔墨,他认为都不合用。他说书法家蔡邕是没有好的"纸"就"不妄下笔"。韦诞也是认为要写好字,必须有好的笔墨。他说以张芝制的笔,左伯造的纸,以及他自己制的墨,方可写出好字。韦诞所制之墨质量的确非常好,《墨史》上说:"肖子良答王僧虔书曰:'仲将之墨,一点如漆。'"仲将就是韦诞的字。

韦诞不仅善制笔墨,而且还能将他自己的制墨心得与前人制墨经验,总结成理论与方法。前面我们介绍了他的制笔理论总结——《笔方》,现在我们再介绍他总结的制墨方法——《合墨法》。

韦诞的"合墨法"在《齐民要术》中有详细的记载,《文房四谱》也有转录。《合墨法》的内容大致如下:先要纯净的烟子,将其捣好,再用细绢在缸里筛,筛掉草屑和细砂、尘土等。因松烟极轻极细,不能敞着筛,以免飞散掉。每一斤墨烟,用五两最好的胶,浸在梣皮汁里面。梣皮是江南的"樊鸡木"的树皮,这种树皮浸的水有绿颜色,可以稀释胶,又可以使墨的颜色更好。可以加鸡蛋白(去掉黄)五个,又可用真朱砂一两,麝香一两,另外整治、细筛,混合调匀,放到铁臼里（宁可干而硬些，不可过分湿）捣三万杵，杵数越多越好。合墨的时令，不要太暖太冷，太暖，墨会腐败发臭；太冷，墨软软的难干，见风见太阳，都会粉碎。每锭墨的重量不要超过二三两。墨锭宁可做得小些，不要做得过大。韦诞最后说："墨之大诀如此。"

韦诞的"合墨法"是古代制墨方法与技术的理论总结，确实是制墨之"大诀"。"墨之大诀"的《合墨法》与"笔之大要"的《笔方》，同是中国"文房四宝"发展史与中国文化史上的宝贵历史文献。韦诞是中国文房四宝发展史上的重要制笔制墨理论家与工艺家。由于韦诞制墨有名，后世竟称其为墨的发明者，尊其为制墨祖师。

晋代的书画艺术有了很大的发展，与此相应，制墨业也有了很大发展。当时用墨已相当广泛，就连人们往来馈赠、丧葬活动也大量用墨，以墨相赠、以墨随葬已成为时尚。《文房四谱》上记载："陶侃（即侃字）献晋帝……墨二十丸，皆极精妙。"近年来，在一些晋墓中就屡有墨出土，如南京曾发掘有四座晋墓，墓中均有随葬之墨。

关于晋墨实物，1974年在江西南昌的两座晋墓中也有发现。其中在东湖区墓中出土的墨，长12.3

厘米，粗端 6 厘米，细端 3 厘米，呈茄状。根据研究，此形系因长期浸泡所致。有趣的是，墓中还出土有木方一件，上面记载有棺内的殉葬品名："故书砚一枚，故笔一枚，故纸一百枚，故墨一丸。"真是"文房四宝"，样样俱全了。四件文具被殉葬在一起，说明最迟在晋代，人们已经明确认识到笔、墨、纸、砚四种文具是一个"系统"，是一个有机整体，是人们从事文化活动所必备的四件文具与材料。

还值得说明的是，上述出土的木方，也是被浸泡在棺液之中，木方上的墨书字样，虽然经 1500 多年之久，但仍然清晰可辨，这说明晋墨的质量极佳。晋墨质量之高，我们还可从晋代陆机所写的《平复帖》上看到，此帖已历经 1700 多年，但其墨色仍新，宛如初书。

《文房四谱》上转录《合墨法》时，已称墨的单位为"挺"，"每挺重二两"。上述晋墓中出土的墨，看来已具直长的"挺"形。但一般仍称墨为"丸"。可能魏晋时期制墨方式两种并存，有用手握捏制的原始软剂墨，也有用简单木模制成的块状素面锭墨。以后墨形便开始逐步固定为"挺""锭"形式。也就是说，我们今天"锭"式的常规墨形，看来自晋代起已逐渐形成了。常规墨的定型，在制墨史上有着重要的意义。

南北朝时期，我国北方的制墨业发展迅速。河北省易水流域盛产松木，《墨经》上就多次提到"易州之松""易水之松"。南齐书法家王僧虔的《笔意赞》上，曾提到"剡纸易墨"。"剡"指剡溪，即今浙江嵊州市，以所产藤纸、竹纸著名，时称"剡纸"。"易墨"是指当时易州（今河北易县）所产之墨。王僧虔还称赞了易墨"浆深色浓"。

关于易墨还有些趣事，《文房四谱》转录《开宝通礼》记载：北齐政府对"字有谬误及书迹滥劣"的"郡守"，"必令饮墨水一升"，免其"胸无点墨"。此规似与今俗以"喝墨水"多少，来衡量文化知识的高低之比喻是一个道理。易州当时属于北齐，且离都城邺城（今河北临漳县）不远，所以那些"郡守"们所饮的"墨水"，极有可能为易墨。

唐代经济繁荣，文化艺术也有很大的发展，制墨业更加兴旺。易州在唐代一度改为上谷郡，据《新唐书》记载：唐玄宗时创立集贤院，由太府每季给上谷墨336丸。上谷墨即易州墨。唐代还曾在易州设立墨务官，著名墨工祖敏曾任此职。《墨史》说："祖本易定人，唐时之墨官也。今墨之上，必假其姓而号之……故祖氏之名闻于天下。"

《墨史》上又说："按：《唐书·地理志》易州

第二章 因君强濡染，舍此即忘筌——墨

唐坑出土的唐代墨丸

土贡墨，意当时治墨者不特祖氏。"除上述易州地区之外，潞州（治所在上党，即今山西长治）等地也兴起了制墨业。

关于"潞墨"，早在南朝时，著名文学家江淹在其《扇上彩画赋》中就说："粉则南阳铅泽，墨则上党松心。"此处的"松心"就是指松烟的墨。这是称颂南阳的颜料，潞州的墨。在唐代，著名的诗人在诗中对潞墨的赞扬就更多了。如著名诗人李白在《酬张司马赠墨》一诗中说："上党碧松烟，夷陵丹砂末。兰麝凝珍墨，精光乃堪掇"；"今日赠予兰亭去，兴来洒笔会稽山"。从酬诗中可以看出，李白获赠气凝兰麝、明掇精光的珍墨——潞墨，想到以后可以"兴来洒笔",心情是多么高兴喜悦。唐代另一著名诗人李峤在《墨》诗中说:"长安分石炭,上党结松心。绕画蝇初落,含滋绶更深。悲丝光易染,叠素彩还沉。别有张芝学,书池幸见临。"此诗是说,长安地区的石炭,上党一带的松木,都可制墨。画纸上的墨点,望似青蝇停落,含有墨滋的绶带,更显黑泽。生丝着墨易染越生光,素白丝绢墨彩更分明。从众多诗人对潞墨的赞许颂扬,可知昔日潞墨的辉煌。

历史上易墨与潞墨可以并称。但潞墨到了明末,据地方志所记,"久已不传"。易墨工艺后来南移,发展成为众墨之首的徽墨,潞墨则不知何日才能重现辉煌!

唐代制墨业一直繁荣,直到唐末仍有许多制墨名家,制墨技术也在改进。《墨史》上记载:"王君德者唐末人",所制之墨"或有得者,是为家宝也"。说明他制的墨是多么受人欢迎。在制墨方法上,他"捣胶用石臼,捣三二千杵"。在所配药剂上也有革新。"其药用酢(醋的本字)石榴皮、水牛角屑、胆矾三物,又法用梣木皮、皂角、胆矾、马鞭草四物。"

再有,唐墨在形制及用途方面也有发展。宋代何薳的《墨记》(即《春渚纪闻·墨说附》)上说:"近于内省任道源家,见数种古墨,皆生平未见,多出御

第二章　因君强濡染，舍此即忘筌——墨

府所赐。其家高者有唐高宗时镇库墨一笏，重二斤许，质坚如玉石，铭曰'永徽二年镇库墨'，而不著墨工名氏。"这说明在唐代有一种特型墨，为皇家"御府"用来镇库压祟，墨体较大，也较重。另在《墨史》中也有一条相似的记载："宋元符间，襄阳米芾游京师，于相国寺罗汉院僧寿处见阳冰供御墨一巨铤，其制如碑，高逾尺而厚二寸，面蹙犀文，坚泽如玉，有篆款曰'文华阁'，中穴一窍，下画泰卦于麒麟之上，幕篆六字，曰'翠霞'，曰'臣李阳冰'，左行书'大历二年二月造，得旨降入翻经院'。"这段文字是说，宋代书法家米芾，一次在京师有名的大相国寺内，见有"巨铤""御墨"，"高逾尺而厚二寸"。这种"其制如碑"的巨墨，是唐代书法家李阳冰供奉给宫内"文华阁"的供墨，李擅长篆书，写有"翠霞"二字，看来是供奉给宫内，作为文房的文玩清供。

根据以上记载，我们知道，墨在唐末，已不仅用来书写，也有用于镇物，甚至作为清供雅物，说明墨已开始具有更多的功能与用途。

唐墨实物出土与传世的极少。1972年在新疆维吾尔自治区吐鲁番地区，发现有唐代"松心真"椭圆形墨。1978年在安徽省祁门县的一座宋墓中，出土了一段唐代松烟墨，长8.3厘米，宽2.7厘米，重

18.2克。再有，在日本奈良正仓院，藏有唐墨，正面印字为"华烟飞龙凤皇极贞家墨"，背面朱书"开元四年丙辰秋作贞□□□"。

唐墨之精良，我们从存世的唐人墨迹，如敦煌藏经洞所发现的不少唐人书写的经卷，唐代书法家颜真卿所写的《告身帖》《祭侄稿》，唐代书法家孙过庭的《书谱》，以及唐代诗人杜牧所写的《张好好诗并序》等名帖中就可看出。再有，唐人也勾摹了一些前代人的墨迹，如唐代书法家冯承素等人所摹的晋代书法家王羲之的《兰亭序》，从中也可看出唐墨的情况。这些墨迹，虽时逾千年，但看上去仍点画清晰，墨色如新，浓淡枯湿之处，几无走失之痕，犹如方才写罢、墨迹未干的样子。

唐代诗歌兴盛，其中有许多赞墨的诗句。除上面已介绍过的一些外，又如诗僧齐己，有诗颂墨："珍我岁寒烟，携来路几千。只应真典诰，销得苦磨研。正色浮端砚，精光动蜀笺。因君强濡染，舍此即忘筌。"又如诗人高适诗曰："起草征调墨，焚香即宴娱。"等等。唐墨书唐诗，唐诗赞唐墨，各在诗史、墨史上，留下熠熠生辉的一章。

三、几个制墨大师的故事

北宋的大书法家蔡襄是一个很俏皮的人。有一次宋仁宗宴请群臣，兴致高昂之际便遍赐群臣香药和名墨。蔡襄很幸运地得到了制墨名家李廷珪的墨，而另外一个大臣只得到了一锭李超的墨。那位大臣遗憾的神情难以掩饰地表露了出来，蔡襄料定他只知李廷珪墨的珍贵却不知李超为何人，便附耳跟他说："想不想把你的墨跟我的墨换一下？"那人自忖以不知名的墨换廷珪名墨是占了便宜，便欣然应允。待到宴会结束，蔡襄才对那人做了个长揖，幽幽说道："你大约不知道李廷珪只是李超的儿子吧？"

李氏父子的墨何以如此名贵，惹得那些达官贵人、文人墨客如此追捧？

话要从头讲起。

唐朝末年，战乱频仍，中国北方历遭兵燹，民不聊生，这也直接导致了大量的中原人南迁。易州人奚超也带着儿子奚廷珪到歙州避难。话说这歙州可真是个好地方,不单单是社会比较安定,对奚氏父子更为重要的是,歙州一带有茂密的松林,特别适于制墨。于是奚氏父子便在歙州定居下来,重操制墨旧业。奚氏父子又进一步改进了技术,制出的墨丰肌腻理、光泽如漆,其坚硬如同玉石,其纹理好似犀角。对笔墨纸砚颇有鉴赏力的南唐后主李煜对奚氏父子制的墨更是倍加推崇,一高兴便赐奚氏父子以国姓,从此奚氏父子便以李超、李廷珪的名字名世,其所制之墨也便称为"李墨"。其子孙多有担任皇家墨务官的,李墨世家之盛于此可见一斑。

在中国的制墨史上,五代北宋时期的"李墨"堪称"神器"。宋初曾经有一个贵族(注意,是贵族哦,平民百姓是用不起"李墨"的)一不小心把一块李墨掉进了池塘,他心想墨入水中必然被水所浸坏,不能再用,所以也就不再专门去捞取了。过了一个多月,那个大意的贵族先生在池塘边饮酒时又把一个金器掉到水中,这才慌忙叫来善于潜水的人去捞取金器,同时也一并把那块李墨捞了上来。让人惊奇的是,那块被浸泡了一个多月的李墨没有任何变化,里里外外都跟新的一样!那个贵族先生这下才意识到这是个宝贝,便好好地将其珍藏了起来。在没有ISO9000质量认证的宋代,李墨就这样意外地被一个"马大哈"

第二章　因君强濡染，舍此即忘筌——墨

检验出了品质的优良。为什么要强调一下是宋初呢？因为随着宋代朝野上下对李墨的大量使用，到了北宋末年，李墨存世数量已经非常稀少了，甚至比黄金还难求得。

俗话说，一分价钱一分货，敢跟黄金比价的李墨到底有多好呢？是不是耐用呢？一个数据告诉你答案。五代宋初的徐铉是一个大文学家和大书法家，他小时候跟弟弟徐锴（著名文字训诂学家）曾得到一挺李超制的墨，不到一尺长，大约筷子粗细。弟兄俩便一同使用这挺墨练字，每天至少写五千字，一直用了十年才把这挺墨用完。细细一算，可不得了，十年间徐氏兄弟写了将近一千九百万个字，相当于把四大名著抄了六遍，居然才用了一挺墨，可见李墨质地致密，经久耐用。正是由于其质地致密，研墨使其边际相当锋利，如同刀刃一般，可以裁纸，甚至可以削割木头。

如果上述可以注解神器之"神"的话，那么李墨更为"神奇"的是，它还可以治病！

对，你没有看错，墨，特别是李墨，是可以入药的——要么说我们祖国的医学博大精深呢！据《墨史》记载，曾经有一产妇产后患"产褥热"，情况相当危急，大夫先把一枚古墨投入烈火中焚烧，然后再将其研磨成粉用酒送服，产妇随即痊愈。是不是很奇妙？大家

也是如此感觉，虽然不明白其中的原理是什么，但还是觉得很厉害的样子，于是人们纷纷寻求好墨，以备产妇不时之需。这也是李墨后世愈加难得的一个重要原因。

关于墨可入药，成书于秦汉时的《神农本草经》里就讲到了。明代药物学家李时珍的《本草纲目》也说"墨"又叫乌金、陈玄、玄香、乌玉块等，其气味辛温，没有毒性，主要用于止血，也可以促进肌肤的生长，加快创伤的愈合，也可治疗产后血晕和崩中下血。把墨磨成粉用醋服下可以止血痢；把墨捣碎筛出，用温水调服，可以治疗小儿客忤（小儿突然受外界的惊吓，面色发青、口吐涎沫、喘息腹痛、肢体痉挛的症状）；另外，墨还有利小便、通月经的功效；治疗臃肿，墨也是办得到的。当然，这里一定要用好墨（比如李墨），劣质墨是不行的。

出土的宋乾德年造老墨二支

第二章　因君强濡染，舍此即忘筌——墨

四、宋人墨癖

　　日本著名的汉学家内藤湖南在研究中国史方面有一个核心思想就是"宋代近世说"。内藤认为宋代社会已全然是一个近代社会了，其中很重要的一个标志就是平民势力的上升，文人旨趣的变化——政治在民众中的重要性在减退，知识分子更倾向于把精力投入到文学艺术方面。事实也正是这样。跟文化密切相关的墨自然也就成为宋人极为嗜好之物。

　　目录学家王洙不仅家中藏书甚富，而且一生爱墨成癖，他最大的爱好就是没事就拿着墨把玩。桌子上、书案上、床上枕畔都放着各种各样的墨，还经常用柔软之物把墨擦拭得光光亮亮的，如果手边没有趁手擦拭物，就用衣袖来擦。有一次王洙正在给朝廷起草文书，府外有人拿着李廷珪的墨来卖，王洙的侄子怕影响他的思路便把卖墨的人打发走了。等王洙起草完文书后得知了这个情况，不禁捶胸顿足，叹息不已。之后为了买李廷珪墨，王洙不惜花费万钱才购得一丸。

俗语说"操千曲而后晓声,观千剑而后识器",这墨看得多了,自然也就能对墨里的门道说出个一二三来。王洙说,这"李廷珪墨"也是要分好几个档次的,因为李廷珪在不同时期的技术是不一样的。随着年龄的增长,李廷珪制墨的工艺也在不断地改进。李廷珪的墨,上面都是有落款的,就跟现代社会中的商品商标一样。这落款的"珪"字写成"下邽"(地名,今陕西渭南下邽镇,白居易、寇准的故乡)之"邽"的,是最优等的;如果写成"圭洁"之"圭"的就相对较差一些;而写作"珪璧"之"珪"的,就更差一些;最差的是署名"奚廷圭"的。虽然廷珪墨本身也有高下之别,但毕竟还都是真货,但是假货并不是现代社会的特有产物,在宋朝也有大量的假"李廷珪墨"充斥市廛。那么怎么分别"李逵"和"李鬼"呢?王洙自然是个行家。他说,在墨锭背面起着"防伪标识"作用的"歙州李廷珪墨"几个字,仔细看是不一样的。如果"歙"字的"欠"字边跟"州"字的最左边的那一撇连着,"李"字中间那一竖跟下边的"子"字下边的勾连贯通,"廷"字"壬"的竖跟"墨"字的右角上下相通者,那么这就是真品。是不是感觉特别"高大上"?

如此高大上的物件,即便是旷达超逸的苏东坡在

第二章 因君强濡染，舍此即忘筌——墨

面对的时候也显现出其天真烂漫的一面。当年黄庭坚跟随东坡学习书法，写的也是有模有样，在当时就已经享有盛名了。人这一出名，就不乏"粉丝"对其书法的狂热追求，为了得到黄庭坚的字，众粉丝纷纷以好纸佳墨来换取他的字，所以黄庭坚的囊袋里常常放满了粉丝送的纸墨之类的东西。一天，苏东坡看见黄庭坚的囊袋了，便把手伸进去摸索，一下子得到了半挺（连完整的一挺都不是）李承晏（李廷珪的侄子）制的墨，于是喜不自禁就想据为己有，黄庭坚自然是舍不得，可是实在是拗不过苏东坡，这半挺墨就这样被苏东坡"夺"了去。

东坡的"贪"连他自己想着都可笑，他说："我已经有了上好的墨丸七十个（这辈子都完全够用了），还没完没了地四处搜求，跟个白痴没什么两样。当年石昌言（宋朝诗人，石昌言的孙女嫁给了苏东坡的长子苏迈）就喜欢存蓄墨，却从不许人使用，当时就有人说：'你不把墨用了，慢慢地墨就把你耗掉了，毕竟人的生命是有限的。'如今，石昌言墓旁边的树都已经长得老粗老粗了，可是他当年存的墨还好好地放在那儿呢。"说得很有哲理，正所谓"非人磨墨墨磨人"；说得也很豁达，似乎看清了世事变迁——墨这种东西，生不带来，死不带去，存那么多干吗？可是，

事实的真相是：苏东坡的墨是越来越多——从七十锭飙升至数百锭！看来东坡先生还是在孜孜不倦地搜求佳墨。当从别人那里得到好墨也不能满足他的时候，他那如孩童般天真烂漫的劲头就上来了，自己动手，好墨就有！作为吃货的苏东坡想吃肉了就琢磨出一道鲜美的东坡肉来，作为文人墨客的苏东坡想制墨了，便在一次火灾后偶然间制出了畅销墨。这是怎么回事呢？话说当年苏东坡被贬到琼州（也就是现在的海南岛），偶然间遇到了正在卖墨的潘衡，便一下子来了兴趣，要求跟他一块儿制作墨。潘衡拗不过，便跟东坡一起樵松采煤，垒砌墨灶，开始了制墨"大业"。不知是墨灶砌得不合理还是其他什么原因，反正就是得到了很多煤烟，制出的墨却不怎么好用。于是，他哥俩又把制墨的流程和各种问题排查了一遍，然后改进了墨灶的结构，这一下子墨的质量就上去了。然而好景不长，正在他俩准备大干一场的时候，突然遭遇了火灾——墨灶起火，差点把整个屋子都烧了，虽然最终把火扑灭了，可是制墨这件事也就此搁浅。然而，塞翁失马，焉知非福！在清理火灾现场的时候，在烧毁的墨灶里还残存有一些烟灰，苏张二人便用这些烟灰制成了一批墨。没想到这批墨的质量还挺不错，东坡不无得意地说道："这批墨的质量不亚于李廷珪和张遇等名家的墨啊。"后来,潘衡通过这次制墨经历又对其制墨技术加以改进,以制墨售墨为生,甚至在钱塘一带打着东坡的名号卖墨——打着名人旗号的墨,价钱自然要比之前贵好几倍!

第二年,苏东坡被赦免返回内地,在乘船行至广州的时候遭遇事故,四个小箱子里的墨都丢失了——用陆游的话说就是:"东坡一辈子积攒下来的宝贝全都亡尽。"最后,东坡仅从他的儿子那里得到了一锭李廷珪墨和两锭潘谷的墨。从此一直到苏东坡驾鹤西游,用的就是这三锭墨——这也正应了他自己的那句"非人磨墨墨磨人"的话。

像蔡襄、苏东坡这样的文人和书法家喜欢墨、收藏墨似乎还算合乎情理的,但有些人痴痴地爱着墨,就有些匪夷所思了。苏东坡有一个叫李常的好朋友,他既不擅长书法,也不是墨贩子,可是他只要见到熟人手里有好墨,就想方设法"夺"来,以至于相识的人都被他搜罗遍了。他存着墨也不用,全都挂在屋子里——满屋都是墨,好不壮观!

待藏墨成风,注重的已然不是其实用性了。宋代诗人陆游的伯祖父也是"搜墨大师",什么李廷珪的墨、张遇的墨,样样都有,床上也都摆满了墨,却不让别人取用。墨纯粹就成了艺术品和饰物,它的实用价值在"墨癖者"眼中并不是最主要的。

　　当然也有人藏墨是有更深的寓意的。小时候砸过缸的司马光在宋朝可是个了不起的人物，相比于历仕四朝的政绩，其主持编撰的《资治通鉴》更使他的名字永垂后世。司马光也是个有"墨癖"的人——他一生藏墨数百锭。关于他之所以藏那么多墨的原因，他曾经说过："我这是要让我的子孙后代知道，我用这些东西是干什么的——写文章！"文章是"经国之大业，不朽之盛事"，而这一切都是得功于墨。

　　有一次，苏东坡与人斗茶取乐。最后，东坡以白茶取胜，高兴异常。在一旁的司马光有意难为他，便笑着说："茶以白为最优（宋人认为白茶为茶中之魁），而墨以黑为最优；茶要重一些才好，而墨要轻一些才好；茶要新的好，而墨要旧的好。不论从哪方面来说，茶和墨都正好是相反的，你为何会同时喜欢这两样东西呢？"思维敏捷如东坡者随即答道："好茶和好墨都有馨香！"紧接着苏东坡进一步阐释："茶和墨的香气是它们共同的品质，茶和墨的坚硬（宋时的茶多为茶饼，故而坚硬）是它们共同的操守，就如同那些贤人君子，虽然黑白美丑各异，但是他们的道德品质却是相同的。"苏东坡到底是苏东坡，分分钟就把茶和墨人格化并且上升到道德层面了。同样是茶和墨，

第二章　因君强濡染，舍此即忘筌——墨

司马光看到的是它们的不同点，而苏东坡则看到的是它们的共同点，相较之下，东坡似更胜一筹。从此，"茶墨俱香"也被后人传为美谈。

由于制墨时常加入麝香等原料，上好的墨闻起来自然是香的，可墨喝起来是一种什么体验呢？

喝墨可不是什么天方夜谭，既然茶喝得，墨汁怎又喝不得？那么嗜墨的宋人是不是认为墨汁就跟可口可乐似的，看见了就非得喝几口呢？大约也不是。《东坡志林》上说："真正的松煤远烟即使不掺和龙涎香和麝香，也会自然地发出龙麝的香气。现在像滕达直、苏浩然、吕行甫那些人，如果天气晴暖、闲暇无事的时候，就会研上好几合（十合为一斗）墨汁，要是写完字墨汁还没用完就直接啜上一两口。另一位老兄蔡襄平日里嗜好喝茶，等老了有病的时候不能再喝茶了，便只是把茶（茶饼）拿在手里把玩而已。看茶（茶不喝而看）、啜墨（墨不用而喝）都是些可笑的事情啊。"

当然啜吸墨汁也不单单是为了附庸风雅，在大多数情况下是有实际用途的。居住在洛水之西的王迪是一位"隐君子"（宋时逃避尘世的隐者的尊称），他善于制墨。一次，当朝宰相文彦博登门求墨，被告知要等一阵子。好多日子之后，王迪才拿着一衾松烟（我们以前烧炉子时一般要装烟囱，时间长了烟囱里

面就会有烟灰,这就是古时制墨所说的"烟",也叫"煤")去文彦博府上拜访。他请文彦博亲自试一下烟的好坏——文彦博把手指按到烟上,手起来烟也被带了起来。王迪说道:"这是烟里面最为轻远的,也只有如此轻远的烟才会有这种效果。"说着,王迪又用勺子舀起松烟,啜了一口下肚,不一会儿一股香气从口中喷薄而出,跟吃了口香糖似的。王迪解释道:"真正的龙麝之气本就是指极品松烟本身自有的香气。可是有些凡夫俗子没文化的人,还以为要加入龙涎香、麝香这些添加剂,墨才有龙麝之气。其实这么做反而会遮掩松烟本身的馥香,并且制出的墨也容易受潮,使墨留下劣点。"王迪这种啜墨在很大程度上就是为了品评墨之优劣,这也正是他的独到之处。

人上一百,形形色色。有爱墨爱得如痴如狂的,自然就有不爱墨的,甚至对有墨癖的人颇为反感的——比如,宋代女诗人李清照的父亲李格非。

虽然一直以来李格非并不为后人所熟知,其文章才名远在其女李清照之下,可是他毕竟也是当时的文章名流,是"苏门后四学士"(李格非、廖正一、李禧、董荣)之一。就是这样的一个风流雅士,却对墨癖不以为然。在《破墨癖说》一文中,李格非借助他和客人的对话阐释了他的观点。文中客人说:"我的墨非

第二章 因君强濡染，舍此即忘筌——墨

常坚硬，锐利的地方可以用来割东西。"李格非道："我割东西用刀，干吗要用墨呢？"客人接着说："我的墨放在水中，两天都不朽烂。"李格非笑道："我盛水用盆子，跟墨有什么关系？墨的防水性能根本没什么用嘛。"客人更进一步说道："我还没说完呢。现在一般的墨放它个二十年，里面的胶一腐败，墨就不可再用了，而我的墨可以放置一百年也不变质。"李格非有些无奈地道："这就更没什么好显摆的了，一锭墨用上两三年也就用完了，我何苦要用百年不坏的墨呢？"客人没话说了——想了想又说道："我的墨墨烟更重，研出的墨汁也更黑，一锭墨研出的墨汁抵得上其他两锭普通墨。"李格非驳道："我平时用墨，一般情况下一两年都用不完一锭，经常是把墨搞丢了才换新的，而不是因为墨用完了才去换新的。在这种情况下，谁还会计较墨研出的墨汁够不够多呢？大概也只有那些以印刷拓文为生的人才会觉得墨汁常常不够用吧！"客人急切地想辩倒李格非，居然强调道："我的墨非常非常非常黑！"李格非笑了："搞笑！这世界上莫非还有白色的墨？当然了，即便这样，如果你的墨跟其他的墨相比确实比较黑，那也是极好的。"说到这里，李格非便用两种墨分别研出墨汁，然后遣开众人，用客人所谓的"好墨"和普通墨分别写了几个字，

然后让客人辨识哪个是好墨写的,哪个是普通墨写的。结果,客人也分辨不出来。客人有点下不来台了,便道:"这天下的好东西必须是有品位的人才能鉴赏得了的!"李格非便用嘲讽的语气接着跟客人抬杠:"这恰恰也是我不爽的原因啊!要知道,珷玞(像玉的石头)之所以不能被当成宝玉,鱼眼之所以不能被当成珍珠,就是因为它们的功用不一样啊。墨的主要功用就是为了书写,如果在书写这一点上好墨和普通墨是一样的,那么好墨也就是普通墨了——这有什么好稀罕的呢?哎呀呀,不单单是墨,现在的人也是这个样子,不注重自身的真才实学,却热衷炫耀那些虚名!这就是国家积弊衰败的前兆啊!我怎么能不把这件事给你讲讲清楚呢?"

李格非把天下的兴衰也跟嗜墨联系起来,虽然有故作惊人之语的嫌疑,但也不是完全的空穴来风。宋代江西派诗人晁冲之在《赠僧法一墨》诗中就反映了这么一个现实:黄山一带本来松林密布,并且有山神守护,而有人却不惜得罪上天去伐松制墨。自从黄山遍布墨灶之后,四周的景物便被昏暗的云气所遮掩了。这种情况的出现就是因为那些文人墨客喜好墨、搜求墨,有买卖就有砍伐——市场利益的驱使使得制墨人无节制地砍伐松树。还不等那些文人骚客有好的作品出现，周围所有的山就已经光秃秃的了（长安纸价犹未贵，江南江北山皆童）。这虽然不会马上导致李格非所说的"天下寒弱祸败"，但是破坏生态环境是一定的了。

五、明墨及明代制墨名家

明朝，特别是明朝中叶以后，经济更加繁荣。这时的制墨业，由于文化艺术的发展，品种上有所增加，质量上也有所提高，出现了专业化的制墨作坊及生产专业区。这时的制墨业，已大都聚集在徽州地区。明代沈德符在《万历野获编》中写道："新安人例工制墨……今徽人家传户习。"新安为歙州、徽州所辖地的别称。明代徽州下辖歙县、黟县、休宁、绩溪、婺源、祁门六个县。这就是说，在明代，广大的徽州地区，许多人家世代制墨。在制墨流派上，当时出现歙派与休派，以后又出现婺派。歙派墨品风格崇尚富丽堂皇，刻意摹古。休派墨品风格以质朴取胜，注重实用，尤擅长集锦套墨。后来出现的婺派则以普及墨为主。当时以歙、休为两大流派，虽墨派不同，但皆具特色，共同奠定了徽墨的基础。

歙派，其先驱为罗小华，其他比较重要的制墨名家还有程君房与方于鲁。

罗小华 名龙文，字含章，号小华，明嘉靖时歙县人。《万历野获编》说："罗龙文所作，价逾拱璧，即一两博马蹄（马蹄指一种蹄状的银锭，即马蹄银）一斤，亦未必得真者。"由此可以看出，罗小华的墨在当时是多么昂贵。由于墨好，连明神宗也命内侍"重赀争购"。《歙县志》说他的墨"坚如石，纹如犀，墨如漆，一螺值万钱"。仅据《墨志》上记载，罗小华制的墨就有十几种之多，如"小道士墨、太清玉、神品、佛元珠、天宝、玉虎符、伏虎、朝升三级、尧年、通天香、临池志逸、师蛮、龙涎香墨、碧玉圭、龙柱"等，其中以"小道士墨"最负盛名。相传唐玄宗时，有"龙香剂"墨，是描述玄宗见有小道士形如蝇，缓行，玄宗非常吃惊，连问这是什么妖怪，旁人告诉他，那是墨的精灵。罗小华即根据这个传说仿制出"小道士墨"。此墨的制作亦开歙派仿古墨之先河。

由于罗小华制墨技艺精湛，嘉靖时得到明世宗的赏识，后来又成了奸臣严嵩孽子严世藩的幕宾，谋得了中书舍人的官职。后来因为严世藩伏诛，罗受牵连，亦遭杀身之祸。

程君房 名大约，字幼博，号君房，明嘉靖时歙县人。明清以来的论墨者，都对程墨给予极高评价。

程君房声誉极高，名气很大，大凡知道徽墨的人，就没有不知道程君房的。程氏是歙派制墨的旗手和集大成者，被称为李廷珪后第一人。他选料严格，如用桐油500斤烧烟，得最轻的油烟不过百两，可见选料之精。程氏对墨的造型构思，图案设计，都具有极高的水准。程君房的墨品，仅据《墨志》上介绍就有"元元灵气、重元、妙品、荟泽、百子榴、还朴斋墨、合欢芳、贝多、青玉案"等。

程君房在万历年间，还编纂成一部墨谱，即《墨苑》，又名《程氏墨苑》，分为玄工、舆地、人官、物华、儒藏、缁黄六目，共有500式墨模图样，每幅图后分别有名人题诗作序。图板均由当时著名画家丁云鹏以及吴古千、李松贞、汪伯玉等人手绘。雕版由名工黄鳞手刊。此书既是一部墨史的珍贵史料，也是一部精美的版画艺术佳作。

在《程氏墨苑》上，还收录有许多有趣的墨品。如有不少关于中国古代天文学的墨品，题材有"紫微垣""太微垣""天市垣"三垣，以及"北斗七星""二十八宿图墨赞"等；又有以《楚辞》为题材的墨品，如"东皇太一""湘夫人"等；还有许多名山题材的墨品，如"五岳真形图""黄山胜迹"等。更有趣的是，《程氏墨苑》上还收录有天主教耶稣会传教士、意大利人利玛窦手绘的《圣经》故事内容的墨品，如"信而步海""二徒闻实""淫色秽气""天主图"等，在书后还有利玛窦撰写并注有拼音的赞文《述文赠幼博程子》。

在现存的程墨中，有万历年间的"廖天一"，重67.2克，通体漆衣，面绘牡丹，十分精美。"廖天一"名取自《庄子》，指无为的人和无形的天协调为一。明书法家邢侗的《墨记》说：程墨"坚而能润，黝而有光，余求所谓舔笔不胶，入纸不晕"。程亦自诩其"一技之精，上掩千古""我墨百年，可化为金"。明书画家董其昌对斯人斯墨更有句著名赞语："百年以后，无君房而有君房之墨。千年以后，无君房之墨而有君房之名。"

方于鲁 初名大滶，以字行，后改字建元。明嘉靖时歙县人。曾经在程氏墨肆中当学徒，深得程氏制墨技艺之精髓。后来与程发生矛盾，遂自立门户。方制墨不像程"意专在名"，而是"多为利"，带有浓厚的商业气息。方氏早年学诗，深得当时戏曲作家汪道昆的赞许，招入"丰干社"诗社。《墨志》上记有方于鲁的墨品"廖天一、九元三极、国宝、非烟、函三为一、太紫重元、青麟髓、瑞元极品、旃檀香墨、佛幌轻烟、铜雀瓦、龙九子、凤九雏"等。

方于鲁在万历年间编辑《墨谱》，即《方氏墨谱》。此书分为国宝、国华、博古、博物、法宝、鸿宝等六类。其墨象形制如李维桢序中所说："墨象凡五，曰规，曰矩，曰玟，曰圭、曰杂佩。"每类中又分细目，如圭类中又有脩、锐、荼、葵等。《方氏墨谱》共收385式墨模图样，都是当时著名画家和雕刻高手绘制与制作，纹饰精巧、细如毫发，无不各尽其妙。汪道昆兄弟还分别作《墨赋》赞之。

《方氏墨谱》收录的墨品中，有"蕈荚载芳""始作书契""知白守黑""刀笔""货布""蓍草瓶""回女玦""八音十二律"等，真是题材多样，美不胜收。

说到墨谱，还应提及明代方瑞生编著的《墨海》。方瑞生，新安人，明代文学家袁中道的弟子，酷爱制墨。此书分内、外两辑，内辑专载墨法与墨家故事文献，外辑专刊古墨图谱及方自制墨品图形。最后附以董其昌、焦竑、袁中道等人题赞。程君房的《墨苑》、方于鲁的《墨谱》以及方瑞生的《墨海》，为明代三大墨谱。此三大墨谱，可以说是以"墨模"为表现形式的、丰富多彩的中华文化艺术史。

方于鲁的存墨中，有一枚"摽有梅"。长方形墨面上，一面有"摽有梅"铭文及"长寿万年"篆印；

第二章　因君强濡染，舍此即忘筌——墨

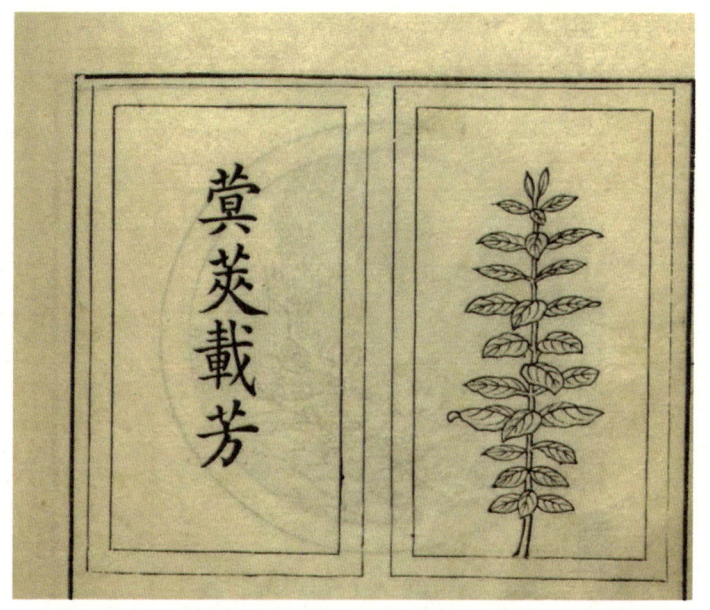

《方氏墨谱》中的"蕙荚载芳"墨品

另一面为一株梅树，枝叶茂密，梅实累累。"摽有梅"取自《诗经》，意思是梅实熟而落，比喻女子已到结婚年龄。另有一"文采双鸳鸯"墨，通体漆衣，加施髹彩，铭文涂金，界染石绿，图案呈金、碧、朱、蓝、绛五彩，真是十色五光，炫丽之极。

明代文学家王世贞《于鲁墨赞》中说：方于鲁的墨"黝而泽，致而黑"，"光可晣，坚于璧，置之水，久弗蚀"。可见方的墨技也是十分精湛与娴熟的。歙

81

派罗、程、方三人墨艺,总的说来,可谓"颉之颃之",不分轩轾,各领风骚。

《歙县志·食货志》中,把当时制墨家又分为"文人自怡""好事精鉴""市斋名世"三种类型。这主要是以制墨的目的来划分的。"文人自怡"是指为了"自怡",自赏,自娱,自藏;"好事精鉴"是指制出精品、名品为了向人显摆;"市斋名世"则是为了市肆售卖。或如"市义",为施斋墨以名世惠众。

明墨除有实用目的之外,在观赏与收藏上也有着强烈的追求。由于墨家、墨派的增多,更使明墨在造型、纹饰乃至包装等方面更加美观。墨品名称题材繁多,意趣高雅。墨形上有长方形、圆形、牛舌形、圭形、亚(亞)字形以及仿器物形等等。墨面绘画题材上,有山水、花鸟、人物、故事等等。墨面纹饰与色彩也是各式各样。墨模雕刻考究精致。墨的整体还要加以

明代老油烟墨

刮磨、漆衣、漆边、漱金、施彩等，使墨品外表绚烂缛丽。总之，墨品经过多项艺术加工，已经超越了其实用功能，而成为精美的工艺美术品了。

休派制墨家以邵格之、汪中山为代表。

邵格之　名正己，明正德、嘉靖时休宁人。《墨志》上著录有他的"元黄天符"等十种墨品。他的"神品"墨铭上说："得隃麋之妙法"，"法治于超，迈于谷"。他认为自己墨法精良，已学得李超，越过潘谷。邵氏不仅善制墨，而且还善写诗。休宁派中，邵氏家族都善制墨，邵格之是其中杰出者。

汪中山　与邵格之都是休派的创始人。汪中山更独出心裁地首创成套丛墨，即"集锦墨"，亦称"瑶函墨""豹囊丛墨"。"集锦墨"是以不同形状、不同图案、不同品类的墨中名品，巧思妙集于一囊匣，一匣墨又拼合组成为整体图形。"集锦墨"后来经过逐步完善，发展成为绚丽多彩的一个墨种。《墨志》上著录有汪中山四组墨，即"太元十种""元香太守四种""客卿四种""松滋侯四种"。高濂《遵生八笺》中说："汪中山……其精品以豆瓣楠为匣，内用朱漆，签以中款，表曰太极、两猊、三猿、四象、五雀、六马、七鹇、八仙、九鸳、十鹿，皆以鸟兽取义。"这套"集锦墨"很有趣味，真如一座珍奇"动物园"了。

休派邵、汪的制墨技艺，在当时与歙派罗、程、方齐名。《遵生八笺》上就说："世宗时，邵格之墨……亦皆精品……汪中山翰史，初时制墨，质之佳美，不亚罗墨。"明、清之际的大思想家黄宗羲，就曾把邵墨列为名品。

在明代制墨家当中，吴拭也是很著名的。吴拭字去尘，其人正如其名其字，恰有洁癖。如此喜洁之人，可偏偏酷爱制作黑污易染而不易"拭"去且难以"去尘"的黑墨。吴仍嫌不足，尚有名墨"嫌漆白"。这也算是墨林趣话。

清代《徽州府志》说他"生平制墨及漆器精妙，人争宝之，其墨值白金三倍"。《墨志》说："吴拭和胶，精艺深心。"清代万寿祺《墨表》说："万历、天启之间，程君房、方于鲁、吴去尘最著。"这说明吴的墨技是与程、方并驾齐驱的，同为墨界名流。《墨志》录有他的墨品共17种，如"无名朴""乌玉液""恩成""紫金光聚""写经墨"等。

值得一提的是，明末吴氏激于民族义愤，毁家纾难，抗敌殉节。另外，著有《墨志》的制墨家麻三衡，亦激烈抗清。《墨志》的跋上说："屯师姑山，兵溃被执，死甚烈，盖节义之士。"在墨业史上，两位"墨英"，可谓"日月双悬"，永照青史。反之，在墨界中亦有谄事豪门，相仇互敌者。上面提到的罗、程、方三人，皆无"墨德"，使墨坛留下了"墨"黑的污点！

明代墨业繁荣，墨家林立，仅据《墨志》记载就有120人之众。制墨业竞争相当激烈，各派各家争奇斗巧，精品迭出，异彩纷呈。有明一代，可谓墨家济济有众，墨帙洋洋大观，足称"徽墨盛世，墨史名章"。

六、清墨及清代制墨名家

在清代,以"徽墨"为代表的制墨业又有了更进一步的发展。关于清墨的特色,恰如清代制墨名家汪节庵在《函璞斋墨品》中所说:"法制之良,椎炼之精,今不及古;而金碧之华,烟麝之备,则古不如今。"可谓一语中的,道出了清墨的特征。清墨在形制之完备,面饰之华丽等方面,确实超过了前代,成为制墨史上的鼎盛时期。

清代墨家,仍然集中在徽州地区。前期歙派居统治地位,后期休派独占鳌头。除此之外,婺派也渐有发展。徽墨业中,呈现出三足鼎立之势。自清朝初年开始,曹素功、汪近圣、汪节庵、胡开文先后崛起,形成清代墨界的四大名家。

曹素功 名圣臣,字昌言,歙县人。曹氏生于明末,但其制墨生涯始于清初。曹氏早年为官,康熙时入布政使司,因无实职,后回乡制墨。接下明末墨家吴叔

第二章　因君强濡染，舍此即忘筌——墨

大的"玄粟斋"墨肆，更名"艺粟斋"。因曹氏在官场还是混得开的，得此庇佑，因此生意越来越好。后来康熙南巡，素功献墨，颇得康熙皇帝赏识，御赐"紫玉光"三字，由此声名鹊起。

曹素功早期的墨，曾著录在《曹氏墨林》中，到了晚清时期，后人又编有《徽歙艺粟斋墨品》一书。曹素功的墨品有"紫玉光""天琛""天瑞""豹囊丛赏""青麟髓""千秋光""笔花""岱云""寥天一""香玉五珏""天台十景""西湖十景""耕织图"等。曹素功的墨品几乎都是"集锦墨"。

艺粟斋的墨

"天琛"是仿古义墨。所谓"义墨"是一种混合墨。宋代洪迈的《容斋随笔》上说："合众物为之,则有义浆、义墨、义酒。""天琛"是天产的宝物的意思。据《曹氏墨林》所记,陆鸣时的《墨铭》说："质用天琛,式追隃麋,下迄唐宋,汇成墨史。"附记上说："曹子素功,仿其遗意,自汉魏六朝,以迄唐宋,共二十六种。"现存的仿古名墨有"仿耿氏""仿李超""仿珪漆烟""仿张遇天峰煤""张永造""易水光""仲将古法""小握子墨""软剂""再和墨""远烟""三衢蔡瑫",以及王维清的"姑苏山人",苏眉阳的"卧蚕小墨""潘谷造"等。从以上墨名可以看出,这些都是墨史上的名家名墨,是"式追隃麋"。"天琛"

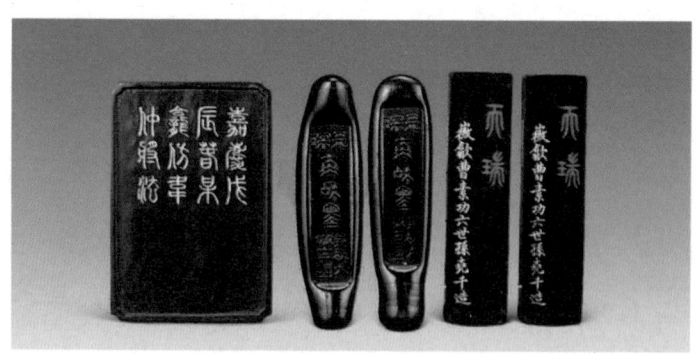

清代"天瑞""天琛"墨

第二章 因君强濡染，舍此即忘筌——墨

是以一匣集锦墨表现的"墨的历程"，是一部形象化的"墨史"。

"天瑞"，全匣一套共十种，有"草圣""酒仙""真儒""隐者""羽士""侠客""高僧""美人""词伯""画师"。墨面图式，有的偏于写实，有的重在象征，颇具明末胡正言《十竹斋笺谱》的画风。真可谓十墨十逸，高德美才，粹显一匣，墨彩"天瑞"。

"紫玉光"为康熙帝赐名，是曹素功的称心之作，《墨品赞》列为第一。墨面上绘的是"黄山三十六峰"，按照黄山各峰的形态绘制，拼合起来则成一幅完整的"黄山图"。真是"玉浮紫光……天下无双"。因为

清代"紫玉光"墨

是"御赐题词"的墨品,故制作极为精美。

"耕织图"是一套大型丛墨,共47锭。全套分装在两个漆匣中,匣面有双龙戏珠描金图案,首锭正面为康熙楷书题"御制耕织图诗";背面为龙纹图案。自2锭至24锭为"耕图",自25锭至47锭为"织图",制作极为精美。

 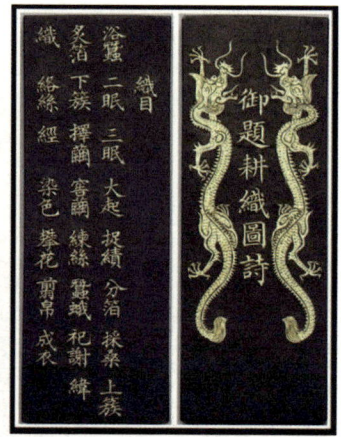

清代"耕织图"墨

清代文学家姚鼐在《论墨绝句》中称许曹素功说:"除却廷珪夸乃翁,几家绝艺后能同。来男作相虞儿匠,何怪方今曹素功。"清代赵青藜说:"天下之墨推歙州,歙州之墨推曹氏。"清代汪炽甫在《纪墨小言》上也说:

"曹实近时烧烟第一子。"如上所述,在清代制墨史上,曹素功占有头等地位,确为墨界巨擘。

素功后代皆业墨,十世不衰。其五世孙曹德酬在江苏苏州开设了分店;到六世孙曹尧千,墨店达到历史上最高水平;九世孙曹瑞友将家业迁往上海。曹氏墨业的拓展,推动了更大地区墨业的发展。

汪近圣 绩溪人,原为曹素功墨肆墨工。康熙、雍正年间,脱离曹氏而自立门户,开设墨肆"鉴古斋",独立经营墨业,所制之墨坚硬细密,光泽明亮。《汪氏墨林》上载方琴如说汪近圣的墨"光可以鉴,锋可以截,比德于玉,缜密而栗"。又载李升龄评说"汪子近圣,技越寻常,制兼众美,法擅诸详,搜烟三昧,什袭珍藏"。《鉴古斋墨品》载有"御制耕织图""御制仿古砚墨""四库文阁诗墨""御制西湖名胜图诗""周宣王石鼓文墨""黄山图""新安大好山水""万杵凝霜""龙光万载""临池草圣""十色朱墨""八卦配十色图"等墨品,都是汪墨中的妙品。汪近圣的墨艺确实出众,时人有评曰:"今之近圣,即昔之廷珪也。"有《汪氏墨林》《鉴古斋墨品》存世。

清乾隆时,宫廷征召"制墨教习",汪近圣次子汪惟高应诏进京,现故宫博物院所藏"云海钟灵"即为汪惟高入京后所制精品。汪惟高做了教习,声名因之大噪。

汪节庵 名宣礼,字蓉坞。清乾隆、嘉庆时歙县人。他开设的墨肆名"函璞斋",当时与"艺粟斋""鉴古斋"鼎足而三,特别是在曹素功墨店迁往外地以后,汪节庵便成为徽州地区秀茂。汪节庵名墨,据《函璞斋墨品》记载有"五百斤油""十万杵""远烟香墨""朱子读书乐""仿古钱式""文房瑞霭""古松心""轻烟隔水""落纸云烟"等。汪节庵的墨品常被一些高官大吏选作贡品,有记载说:"江南大吏,多献方物。

汪节庵所制之墨

入选之墨，必用汪氏。"清代学者阮元进呈皇家之墨，即为汪节庵所制。阮元说："宣歙墨派，与易水代兴，在今名第一者，为节庵汪氏。余暇日研经，辄试之，翠色冷光，浮映藤简，因令制以充贡焉。"以上制墨三家都属于歙派，清中期后，休派别出一家，即为与前三雄并称之胡开文。

胡开文 原名胡正，绩溪人。早年在徽州屯溪租赁"采章墨店"开业，后接手岳丈汪启茂的老店经营墨业。因见南京贡院明远楼悬有"天开文运"匾额，遂改名"开文"。后在休宁设立总店，屯溪另设分店。总店设场烧烟制墨，分店销售。胡开文所制之墨，大体可归为两类：一为零锭墨，一为集锦墨。

据《苍珮室墨品》记载，零锭墨中有"古隃麋""天膏""圭璧光""渔樵耕读""金壶汁""乌玉""兰烟""紫香"等；集锦墨中有"御制四十种西湖""御制棉花图""御制双鹤斋八景诗墨"等。

19世纪中叶，由于镇压太平天国运动，徽州地区经济发展遭到破坏。当时墨业，前期颇具声色的三家，至此处境艰难。胡开文墨店因为分散经营，相互照应，加之经营颇有方略，如所备品种齐全，档次合理等等，便呈现出独家繁荣景象。后又逐渐在长江南

新安胡开文墨

北以及上游多处开设"胡开文墨店"。自此,唯胡氏一家一展身手,独领墨坛风骚。清代徐康在《窳叟墨录》上就说:"劫后,唯胡开文盛行。"

清代徽州地区,除歙派与休派的四大名家外,婺源地区自明代以来亦产墨,也出了许多制墨名家,仅詹氏一族,就有80多家。婺源墨多为普及型墨品,因为价格低廉,深受一般知识分子和广大群众的欢迎。婺墨墨名多为民间喜闻乐见的名称,如"八仙庆寿""虎溪三啸"等。婺墨在文化普及上有着重要的贡献。

第二章 因君强濡染，舍此即忘筌——墨

清御制西湖名胜诗墨

清墨除四大名家以外，还有一些制墨名家，亦有声誉。

程正路 名义，号耻夫，又号晶阳子。墨肆名"悟雪斋"。其所制之墨"黝然而清，莹然而润"。墨品有"伊洛渊源""天关煤""九畴攸叙""西园雅集""紫阳易墨""漱金""大国香"等。

程正路与许多官宦名人经常往来，多有墨缘。如与曹寅（曹雪芹之祖）交往密切，程氏曾为曹代制贡墨"兰台精英"，并为曹绘《楝亭图》，曹亦有诗赠程。曹寅的文学与艺术造诣都很高，对"文房四宝"也很有研究，所印《楝亭十二种》中，第一部即为宋代晁

程正路所制之墨

贯之的《墨经》。曹氏善品墨,施仕纶有诗赞之:"客退楝亭聊试墨,公余花署日题诗。"

程一卿 又名瑶田、易畴、易田,清乾隆年间著名学者,朴学大师,亦为墨界髦英。所制"礼堂写六经"墨,为其代表之作,当时即见重于世。程氏专精汉学,心仪郑康成,其《通艺录》上说:"余初有康成写经传与其人之志,思建礼堂以居。"礼堂之名就由此而来。程为制墨不惜耗尽家资,以求墨质之精。姚鼐《论墨绝句》:"我爱瑶田善论琴,博闻思复好深湛。才传墨法五千杵,已失家财十万金。"可见一卿墨艺之精,爱墨之笃。

在清墨中,还有一类所谓"监制"的"贡墨"与"自用墨"。这是那些地方官员为进贡邀赏,或达官贵人与文人雅士为自用自藏,向一些墨肆、墨家订制的墨。这类墨虽标以某某"监制"等字样,实际大都出自徽州墨工之手。有此类墨者,不乏名士要人,比如大学问家阮元,有钟形墨一锭,中间楷书"天然图画",边有"臣阮元恭进"五字;另有矩形墨"南屏晚钟",侧书"浙江巡抚臣阮元恭进"。阮元贡墨,当为汪节庵所制。再有,前面提到的曹寅,所呈"兰台精英"长形墨,背面即有"织造臣曹寅监制",此为程正路所制。此外与曹寅族谊笃厚的曹鼎望也喜欢制墨,当时与曹素功并称"北曹南曹"。曾任四库全书馆总编纂官的纪昀,有"纪晓岚钞书墨",侧书"海阳吴胜友制"。清代书法家刘墉,有墨"柳汀仙舫",侧为"歙曹素功监制"。清篆刻家陈鸿寿,号曼生,所设计陶壶极负盛名,有墨"种榆仙馆",背有"曼生制",但实为汪节庵所造。同为抗英英雄,功垂千古的林则徐与邓廷桢,都有藏墨存世,林氏有"拜疏判牍之墨",

邓氏有"精选拜疏著书之墨"。另外,抗御外侮、舍身殉国的聂士成,有墨"合肥聂氏藏烟"。

贡墨、自用墨为清墨一大特色。有的是为了争宠于朝,有的是为了附庸风雅,有的是为了铭文励志,有的是为了留烟自赏。不管怎样,都丰富了多彩的墨文化内容,为文化艺术史留下了宝贵的资料。

清墨另一大特色,是多"集锦墨","集锦墨"到清朝的时候已发展到登峰造极的地步。从清初起,因"集锦墨"具有明显的玩赏性,墨家无不以精制"集

清康熙 纺织图集锦墨

第二章 因君强濡染,舍此即忘筌——墨

锦墨"为能事。清代集锦墨品类繁多,组合巧妙,绘刻精美,装潢考究。如以造型为例,有鼎形、圭形、璋形、爵形、壶形、长方形、椭圆形、六角形、多边形、荷花、葵花、册页、扇面诸形。墨图有亭台楼榭,洞壑叠石,龙凤麒牛,游人花鸟。一图一景,绘制精细,神态逼真,令人咋舌。

"集锦墨"是墨品中的交响乐,系统地表现了墨的形式美,可谓无美不备,即便是皇家也经常采用。

清 文华斋集锦墨

清代的御用墨大都为"集锦墨",如在乾隆时,曾特制集锦墨"四库文阁诗墨"。后来胡开文曾聘请著名雕刻墨模艺人王绥之,翻刻墨模,复制成墨。这套集锦墨共有四锭,形状各异。文源阁诗墨为长椭圆形,文津阁诗墨为古回文形,文渊阁诗墨为古磬形,文溯阁诗墨为折扇形。这套集锦墨不仅将四库文阁细致如实地绘刻下来,而且还配有诗文,这对四库文阁以及图书管理事业的了解与研究,也具有一定的史料价值。

在制墨的历史上,集锦墨的创制可以说是一大创举,它把中国传统的绘画、书法、雕刻、漆器、纺织、刺绣、螺钿、裱糊等工艺与艺术,完美地结合在一起,成为综合性的艺术品,堪称墨之最精美者。

墨模雕刻,在技法上有线刻、浮雕、圆雕等,要求雕工精细。如"螽斯羽"墨模,在不足二寸见方的木模面上,要刻出鸟兽、花虫、人物、风景等,相当不易。有的图画虽小如豆粟,但刻得须眉毕现,一丝不爽,令人叹为观止。有些墨工,一辈子也仅仅只能雕刻几块模板,可见工艺之精繁。徽墨业界中,原积有大量珍贵墨模,仅胡开文旧模即有近2000件,现尚有余存,这些墨模也是宝贵的工艺美术品与历史文物。

七、墨的种类及制作

墨的种类,总的来说可分为两大类,即实用墨与观赏墨。

实用墨又可分为书画墨与可供医用的药墨。在书画墨中,又可分为黑色墨与彩色墨。黑色墨即为通常书画所用之墨;彩色墨则有朱砂墨、五彩墨等,为广义上的墨。

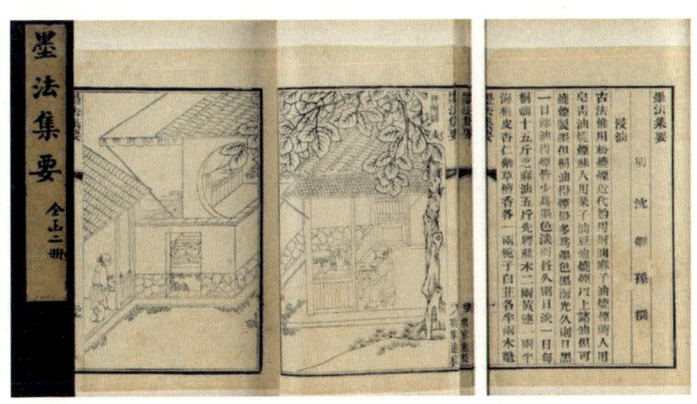

墨法集要

关于古代墨的制作,前面已介绍过韦诞的《合墨法》。宋代李孝美的《墨谱》、宋代晁贯之的《墨经》等书主要介绍了松烟墨的制作方法;明代沈继孙的《墨

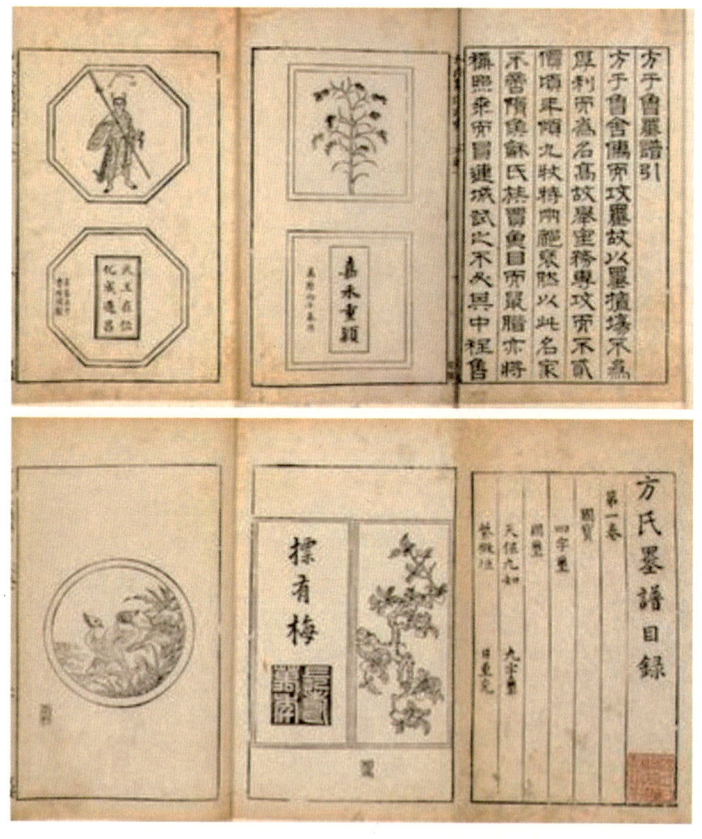

方氏墨谱

法集要》等书则介绍了油烟墨的制作方法。有些还附有插图。

古代制墨，大致分为以下步骤：采料、造窑、取煤（烟）、和剂、成型、入灰、出灰、试磨共八道工序。前三道工序，就是将松、桐等原料置于密闭不透风的窑室内，令其不充分燃烧，使之烟气化，再经冷凝成"烟"；第四项和剂，即是根据一定配方，将各种配料，按一定比例添加，均匀搅拌；成型是将搅拌好的坯料，捣为末状，挤压成型；入灰、出灰是将初制成的墨锭，置入草灰之中"荫墨"，使之缓慢晾干；最后一项是经过试磨来鉴定墨的质量等。

《墨谱》上介绍的制墨工序为：采松、造窑、发火、取煤、和制、入灰、出灰、试磨。《墨法集要》上分得更细，计有：浸油、水盆、油盏、烟碗、灯草、烧烟、筛烟、熔胶、用药、搜烟、蒸剂、杵捣、称剂、锤炼、丸擀、样制、入灰、出灰、水池、研试、印脱共二十一道工序。

《墨谱》与《墨法集要》二书论述了古代制墨的方法与理论，记载详细，图文并茂。两书中对操作技术、用料配方等都有详细全面的介绍，是我国古代制墨工艺技术的珍贵文献。

小结

在古代中国,"墨"一般被看作文才的象征,"胸无点墨"便是指没文化。而唯有有文化的人才可以"舞文",才可以"弄墨",故"胸中有墨"正是古代文人最起码的素质。所以,墨在中国早已从物态的书写用品而融入于中华文化的大河,浩荡不绝。

第三章

舒卷随幽显,廉方合轨仪——纸

一、纸的发展史

现在我们要形容一个人学识渊博一般怎么说？无外乎就是"学富五车""书通二酉"之类的。那么先秦时期的五车书有多少？秦汉时期的"二酉"之书又有多少呢？

"学富五车"说的是战国时期的政治家、哲学家，名家思想的开山鼻祖惠施（也就是在《庄子》中天天跟庄子打嘴仗的老兄）学识渊博，读过的书可以装满五个车子（《庄子·天下》："惠施多方，其书五车。"）。当时没有纸，书写的载体是竹简，如果把五车竹简的内容打印在现在的 A4 纸上，恐怕不会比一本博士论文更多。

"二酉"指的是湖南省境内的大酉山和小酉山，据说当年秦始皇焚书坑儒，一个叫伏胜的博士官冒着生命危险将千余卷书籍运出咸阳，几经周折藏于二酉山的山洞中，几十年后才将这些典籍启出献给汉朝政府，使得先秦典籍能够流传后世。自此而后，二酉洞

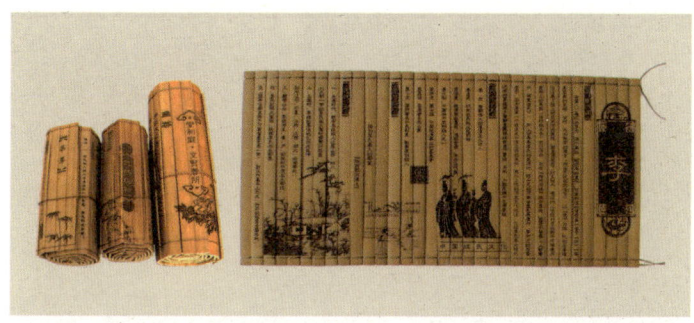

书 简

便成为读书人心目中的圣地。那么千卷书又是多少呢?

在还没有纸的简牍、帛书时代,"篇"和"卷"是文章典籍最为常用的计量单位:"篇"用于简牍的计量,主要考虑文章内容的开始和结束;"卷"则用于帛书的计量,以机织缣帛的物理形态为标准,一卷就是一段长度相对恒定的缣帛。先秦时期一卷能写多少字比较难以确定,但是根据明代的《永乐大典》(22877卷,约3.7亿字)和清代的《四库全书》(79337卷,约9.97亿字)来做个也许不太准确的推断,一卷大约1.2万字,也就是五六页杂志的字数。二酉洞藏书千卷,也就是大约15部路遥《平凡的世界》的字数。

《史记》上说秦始皇年过五十依然精力充沛,每天都要批阅120斤的文书("上至以衡石量书"),

二酉藏书洞

夸张不？不过秦时的一斤大致相当于现在的半斤，据湖北云梦出土的秦简实物和文献史料推测，60斤竹简大约能写3万到5万字，虽然也不少，但远没有我们想象得那么夸张。

啰啰唆唆说了那么多，绝不是要简单地满足大家的猎奇心，而是想说，在纸张还没有发明之前，简牍实在是太过笨重，实用性是比较差的。笨重到什么程度呢？西汉时，东方朔（文学家，后世把他称为"智圣"）给汉武帝上书，洋洋洒洒写了3000片竹简，由两个大汉费了老劲才抬进宫。

虽然也有绢帛这样的材料，但是绢帛是何等贵

第三章　舒卷随幽显，廉方合轨仪——纸

简牍

重之物，怎能大量用于书写呢？便于携带、造价低廉的书写材料便成为好多好多代文人匠人孜孜以求的目标，直至一个标志性的人物——蔡伦的出现。

蔡伦是东汉时人，出身于普通的农民家庭，十五岁入宫，先后侍奉过四位皇帝，身居列侯，位尊九卿。在蔡伦兼任尚方令的时候，主管皇宫的制造业——虽然因为史料的语焉不详，我们无法全弄清楚为什么让蔡伦这样一个宦官来掌管皇家制造业，但是可以肯定的是，这样的任命在不知不觉间推动了历史发展的进程。

蔡伦在前人造纸经验的基础之上，把树皮以及破

文房四宝——书写工具与文化的呼应

制作简牍

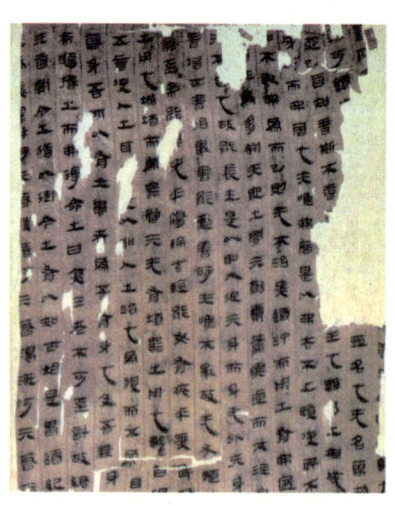

马王堆帛书

渔网、破布、麻头等废物剪切碎并放在水中浸泡，时间久了，其中的杂物便腐烂掉了，只留下了不易腐烂的植物纤维。再把经过浸泡的原料从水中捞起，放在石臼中不停地锤击搅拌，直到使之成为浆状物，然后再用竹篾把这些

第三章 舒卷随幽显，廉方合轨仪——纸

浆状物抄起来，等干燥后揭下来就是纸啦。

为什么说是在前人造纸的经验基础之上呢？因为根据史籍和出土文物来看，在蔡伦之前就已经有纸存在了，就像在蒙恬之前就已经有笔存在了一样。比如，在陕西西安灞桥的一座西汉墓里，就出土了一沓纸的残片，当不晚于汉武帝时期，专家命名为"灞桥纸"。灞桥纸为麻质，从纸上残留有石器上镁、铝等元素来看，麻料显然经过石器的捶打。以强有力的捶打来将丝絮或纤维弄碎就可以把丝絮或纤维制成薄片，越碎

灞桥纸残片

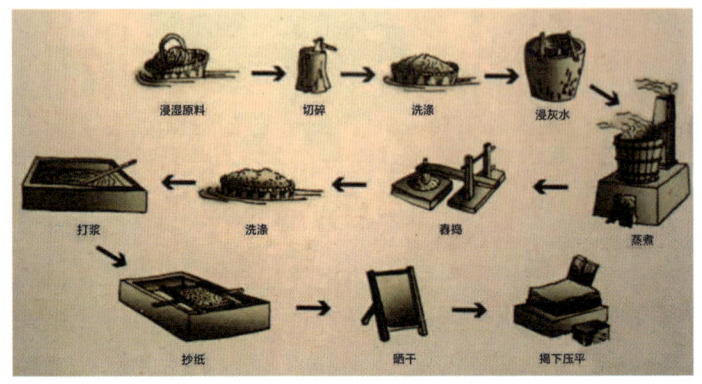

汉代造纸工艺流程图

制成的薄片也就越薄。当更易于捣碎的植物纤维取代丝絮之后,纸的制造也就迈出了关键性的一步。在居延汉墓(出土的竹简表明时间为汉宣帝甘露二年,也就是公元前52年,比蔡伦改进造纸术要早100多年)中出土的两片纸的实物中,一片纸只含有大麻纤维,另一片含有麻、线头和布片等,有点像草纸。

所有这些都表明,西汉时期已经开始用沤麻、捶麻的方法来处理造纸原料,并且已经造出了可以用来书写的纸张了,只不过还没有大规模应用,简牍等仍是主要的书写材料。

不过,这里有一个疑问,那就是跟蔡伦同时代的许慎在编著《说文解字》(中国最早的字典)的时候就收有"纸"字。要知道,《说文解字》所依据的资料是当时所能够见到的"前代之古文",也就是秦代李斯等人的《仓颉篇》《爰历篇》《博学篇》以及西汉司马相如的《凡将篇》、史游的《急就章》等,不可能是许慎的自创。那么《说文解字》中的"纸"究竟指的是什么呢?根据许慎的解释,所谓的"纸"就是漂洗丝线时沉落在池底竹筛上的一层杂丝。所以"纸"字是"纟"字旁,而不是"竹"字头或"木"字旁。后来,王夫之(明末清初大思想家)说,蔡伦造的"纸"因为平滑匀白,像被子里的丝絮,所以就借用了"纸"这个名字(语出王夫之《说文广义》)。这说明当时所谓的"纸"跟现在的"纸"的概念是不完全一样的。虽然在蔡伦之前早就有了可以用来书写的纸,但是其物理形态和制造方法跟蔡伦所造之纸都是不同的。蔡伦之后,"纸"便专称用植物纤维造的纸了,而蔡伦之前被称为"纸"的东西可能是较为原始的"纸",有人把这种"纸"称为"赫蹄"(hètí)。据《汉书·赵皇后传》记载,汉成帝的时候,赵合德(也就是"环肥燕瘦"中的"燕瘦"——赵飞燕的妹妹)被封昭仪,非常受宠,但因为服用"息肌丸"的缘故无法生育,当她得知女官曹伟能身怀六甲时便妒心大起,就派人送去了一个小匣子,里面用"赫蹄"包着两粒毒药,"赫蹄"上面还写了字,大意就是逼曹伟能自杀(《汉书·外戚传》)。"赫蹄"是什么呢?东汉的应劭说,"赫蹄"就是薄薄的小纸片。

所以,纸的发明权应该属于中国古代的劳动人民,蔡伦的功绩则在于用相当低廉的原材料造出了具有实用价值的纸,这其中的意义我就不费笔墨了,因为其在中国的历史乃至世界的历史上意义太过重大,怎么说都不为过。

1987年在兰州伏龙坪东汉砖墓中发现了三张作为衬垫物的圆形纸张,纸面呈白色,厚薄均匀而且绵软有韧性,纸上字迹清晰可辨。这是目前发现的保存最为完好、质量最为上乘的东汉纸,它使我们能有幸在1800多年后目睹蔡伦时代的纸张。纸上的字迹也表明东汉时纸已经较为普遍地作为书写材料了。

到了东汉末年,也就是献帝时期,继蔡伦之后另一位造纸大师出现了,他的名字叫左伯。左伯(165-226),字子邑,东莱(今山东黄县)人。他对蔡伦造纸的方法又做了改进,造出的纸细腻洁白、柔软有光泽,被人们称作"左伯纸"。"左伯纸"不仅在当时深得人们喜爱,而且对后世更是影响深远。曹魏时期的书法家韦诞写字的时候是必须要用"左伯纸"的。据说魏明帝青龙年间(233-237),明帝诏命韦诞给洛阳、许昌、邺（今河北临漳）三都的宫殿题写匾额，可是赐给他的笔墨纸等书写工具和材料他都不用，韦诞解释说："要做好一件事，准备工作是非常重要的，好的工具必不可少。若给我张芝制的笔，左伯制的纸，再加上我自己制的墨，我就可以恣意书写一丈那么大的字，也可以在方寸小的地方写下千言，文字的精妙程度应该也不亚于索靖（西晋著名的书法家）吧。"他的话虽然不无自夸之嫌，但足以证明左伯纸在当时的"名牌"效应。南朝齐竟陵王萧子良更是称赞左伯纸"妍妙辉光"。

  不过非常遗憾的是，左伯造纸的原料配方和制作方法并没有流传下来，我们也只能在他人的赞誉中品味左伯纸的精妙了。

二、水边作纸明于水——宣纸

在我们一般人心目中，一说到笔墨纸砚，似乎笔包括湖笔、宣笔抑或其他什么笔，墨也因制墨人不同而有种种名目，砚更是端砚、洮砚、歙砚、澄泥砚四大名砚争辉，唯独这个纸，印象中就叫"宣纸"，但凡写大字（毛笔字）就要用"宣纸"，而不管它是不是产自宣州。

看来，只要说到文房四宝，宣纸是无论如何也绕不过去的了。

宣纸的历史

宣纸，顾名思义，因原产于宣州而得名。在唐代就已经有"宣纸"的名称出现了。唐代画家张彦远（815-907）在《历代名画记》中说："江东这个地方，气候湿润空气新鲜，当地人也都有些相当不错的手艺，

第三章　舒卷随幽显，廉方合轨仪——纸

好事的人（好事家，宋人米芾说，好事家跟鉴赏家不一样，什么是好事家呢？好事家就是家里有充足的资金，贪求名声并且争强好胜，遇到好的东西就买下来，不过就是做做样子附庸风雅罢了）适合置办宣纸百十张，用蜡涂抹在纸上，以备摹写书画之用。"这里的"江东"就是指宣州一带，也就是现在的安徽宣城及其周边地区。由张彦远的这段话我们可以知道，晚唐时期私人已经在家中制备一定数量的宣纸了；用蜡来涂抹纸张表明纸的加工较前代更进了一步，其质量也有了较大的提高，《旧唐书》和《新唐书》的相关记载也

宣　纸

提及唐时宣州的纸和笔都是给朝廷的贡品，宣纸的质量由此也可见一斑。

宣纸的名称出现于晚唐，但这并不意味着宣纸就产生于晚唐，广义的宣纸出现的时间只能更早。据宋人周密（南宋词人）《澄怀录》的说法，唐初宣州就已经开始造纸了——"唐高宗永徽年间（650—655），宣州有个僧人想誊写《华严经》，就用沉香和楮树皮等为原料造纸。"因为宣州地处皖南，周围多山区，在战乱时是避祸的佳地，在隋唐之前的南北朝时期，那时手工业发达的中原地区频遭战乱，社会相当不安定，大量的手工匠人就南迁到宣州一带，由此中原地区先进的造纸技术也就被带到了长江以南地区。恰恰因为皖南多丘陵，山峦起伏，气候温湿，适合青檀树的生长，而青檀树的树皮是造纸的最佳原料；同时水质的好坏也直接影响着纸的质量，因为造纸离不开水，如果水质浑浊，里面杂物（比如腐殖质）较多的话，那么造出的纸既影响美观，也不耐用，要想达到"水边作纸明于水"（元人傅若金《因道便过家钱唐》）的程度就必须有优良的水质才行，宣州山陵间清澈的泉水水质自然没的说。综之，宣州的这一切都为造纸业的兴起提供了优越的自然条件。

细心的读者一定发现了一个问题，上文一会儿说

"楮树皮",一会儿又说宣州附近有很多"青檀树",那么造纸用的是楮树皮还是青檀树皮呢?或者说,用楮树皮造纸好一些,还是用青檀树皮造纸好一些呢?

其实,宣纸的主要原料是青檀树皮,只因青檀树和楮树的外观非常近似,所以古人常常误把青檀树当作楮树。前文提到的宣州僧人用"沉香和楮树皮造纸"中的"楮树",很可能指的就是青檀树。另外,宣州地区的实际情况也是青檀树多而楮树比较少。青檀树是我国的特产树种,是榆科落叶乔木,纤维长,特别适宜用来造纸,特别是幼枝(生长两年的枝条)树皮。如今,宣纸中有一名贵品类唤作"四尺丹"的,其来源就与青檀树有关。传说蔡伦有一个叫孔丹的弟子,在蔡伦亡故之后特别想给老师画一张像,以慰藉思念之情,可是多年都未能如愿,只因找不到也造不出一种精美的纸。一个偶然的机会,孔丹在一条小溪旁看到一株青檀树倒在溪水中,长时间的日晒水冲,树皮已经变白腐烂,一缕缕长长的纤维露了出来。孔丹灵机一动,便取之造纸,经过反复的摸索,终于用青檀树皮造出了既洁白如洗又柔软坚韧的上好纸张,孔丹为老师蔡伦画像的夙愿也得以实现。这"四尺丹"的"丹",指的就是孔丹。

到了五代南唐时,宣州生产出了一种"肤如卵

宋·蔡襄 澄心堂帖

膜,坚洁如玉,细薄光润,冠于一时"的名贵纸张。这种纸深得南唐后主李煜的赞赏,作为一位书画词都有很高造诣的艺术家,李煜的眼光是不用怀疑的。他甚至专门从四川请来纸工在池州(今安徽省池州市贵池区等地)造这种纸。之所以这样不计成本地投入,就是作为艺术家的李煜,必须要有理想的纸张才能更好地抒发他那诗人的情感,要知道李后主的词书画可是被当时的人称为"三绝"的,这"三绝"哪一个是不需要用纸的呢?由于对这种纸非常喜爱,李后主专门把澄心堂(南唐烈祖李昇节度金陵时的闲居之所)腾出来收藏它,因而这种纸被称为澄心堂纸。澄心堂纸、李廷珪墨以及龙尾砚在当时也被称为"三绝"。

后主李煜在位时,严禁澄心堂纸出宫,所以当时也只有宫廷画家才能够使用"澄心堂"纸。当时的著名画家董源(与荆浩、关仝、巨然合称为五代北宋"四大山水画家")作画时就用的是澄心堂纸。也正是因为使用澄心堂纸的缘故,其用墨的技艺才淋漓尽致地展现了出来(比如他的《溪岸图》),画出的画"水墨类王维(唐代大诗人和画家),着色如李思训(唐代杰出画家,擅画青绿山水)"。

董源 《溪岸图》

公元975年,宋朝大将曹彬(931—999)攻破南唐国都金陵(今江苏南京),南唐灭亡。在攻入金陵城后,曹彬军法严明,禁止烧杀抢掠,同时委托转运使许仲宣(929—990)按照图册查看仓廪府库中所藏之物并妥善封存,故而藏于澄心堂的纸得以较完好地保存了下来。之后一段时间,澄心堂纸不时散入那些文人、贵族之手。即使那些见多识广的文人士大夫得到这些纸后,也是赞叹不已,奉为至宝,纷纷赋诗赞颂（至于赋的什么诗，有哪些故事，咱们下文再说）。

由于澄心堂纸有名，宋元以后直至清代，一直仿造不断。明代高濂的《遵生八笺》上就说："宋有澄心堂纸。"屠隆《纸墨笔砚笺》上也说："宋纸，有澄心堂纸极佳。"元代费著撰写的《笺纸谱》（即《蜀笺谱》。现在也有学者认为该书并非是费著的作品，而应是宋代的文献）上说："余得之蜀士云：'澄心堂纸，取李氏澄心堂样制也。盖表光之所轻脆而精绝者，中等则名曰玉水纸，最下者曰冷金笺，以供泛使。'"这说明在宋代、元代都有取李氏（即南唐李氏王朝）澄心堂纸为样纸，而制的"宋仿澄心堂纸"与"元仿澄心堂纸"。又据清代《泾县志》记载，直到清代嘉庆年间，当地还有仿澄心堂纸的"画心"纸的生产。澄心堂纸是广义上"宣纸"的高峰，也是日后真正宣纸的开端。

临近宣州的徽州（今安徽歙县一带）、池州（今安徽池州一带）也是出产纸的重镇。宣纸、徽纸和池纸都在唐宋时期的造纸业中占有重要位置。宋朝末年，这三个地区的造纸技术互补长短，造纸业也就逐渐合流了，其中心就在宣州的泾县。三地所产纸张以后便统称作"宣纸"，所以也可以说，徽纸和池纸也都算是后来宣纸的前身。

第三章 舒卷随幽显，廉方合轨仪——纸

宋代宣州地区的造纸业十分发达，造纸的原料和纸的品类大大增多，众多加工纸出现，纸坛呈现五彩斑斓、令人目眩的景象。以地名命名的纸有：徽纸、歙纸、池纸、黟川雪、龙须纸、新安纸等。按纸品命名的有：麦光、白滑、冰翼、凝霜、澄心堂、仿澄心堂、金榜、画心、潞王、白鹿、卷帘、进札、殿札、玉版、白音、京帘、堂衣纸、表纸、青光纸、七色、于心、硾纸、栗纸、水纸等。因加工不同命名的纸有：蜡黄经纸（又名粟笺）、碧云春树笺、龙凤印边三角内纸、印金团花、连四、卷棉纸、丈二匹纸、白棉纸等。

宋代苏易简《文房四谱》说："黟、歙间多良纸，有凝霜、澄心之号。"说明宋代在黟、歙一带，即宣州地区，生产很优良的纸，纸的名字叫凝霜、澄心。《笺纸谱》上也记载："……徽纸、池纸、竹纸在蜀，蜀人爱其轻细，客贩至成都，每番视川笺价几三倍。范公在镇二年，止用蜀纸，省公帑费甚多，且怪蜀诸司及州县缄牍，必用徽、池纸。范公用蜀纸，重所轻也。蜀人事上，则不敢轻，所重矣此，以价大小言也。"范公指宋代文学家范成大，曾任四川制置使。当时徽、池纸远销蜀地（今四川省），虽纸价高出当地纸近三倍，还是受到欢迎。蜀境地方官员为讨好上司，公函文书使用价贵的徽纸、池纸。从这条有趣的记载中，也可

看出徽纸、池纸质地的精良。关于宣州地区所产纸品优良，宋代文学家王令在一首词中也大为称赞："有钱莫买金，但买江东纸，江东纸白如春云。"

宋代宣州地区造纸技术确实高超，《文房四谱》上记载：黟、歙地区造纸，"有长者可五十尺为一幅，……于长船中以浸之，数十夫举抄以抄之，傍一夫以鼓而节之，于是以大薰笼周而焙之，不上于墙壁也，由是自首至尾，匀薄如一"。这是在说如何利用长船，制造超大型纸张。抄纸时，由一人击鼓，统一号令，数十人同步进行。因是超大超长型纸，焙干时不能上墙壁风干，而是用大型薰笼旋转焙干，这样可使纸的厚度均匀一致。由此也可看出，当时纸工是何等聪慧，制出了如此巨幅之纸。

宋代宣州地区造纸方法如此巧妙，在使用上也有奇举。《文房四谱》上记载："今黟、歙中有人造纸衣段，可如大门阔许，近士大夫征行亦有衣之，盖利其拒风于凝冱之际焉。"这是说纸衣可像门一样关开（穿脱），连士大夫阶层的人出远门都穿用，以抵御风寒。现今域外已有一次性纸衣出现，实际上，纸衣在我国"古已有之"了。

宋代宣州地区的纸，也大量用来刻印书籍。如南宋时，宣城刻印有谢朓的《谢宣城集》，池州刻印有

第三章　舒卷随幽显，廉方合轨仪——纸

《尤袤文选》，徽州刻印有朱熹的《诗集传》、吕祖谦的《皇朝文鉴》和祝穆的《方舆胜览》等。这说明宣州地区的纸，在印刷书籍、传播文化等方面，也发挥着巨大的作用。

在中国书画史上，元代是一个重要时期。前面谈过，

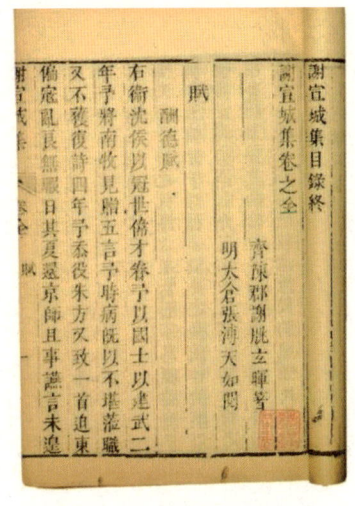

南宋宣城刻印的《谢宣城集》

以赵孟頫和"四大家"为代表的元代绘画艺术体现了中国画又一次创造性的发展，对以后明清两代书画艺术的发展也起了很大的推动作用。元代绘画中，"文人画"（泛指中国封建社会中文人、士大夫的画，以别于民间和宫廷画院的画）开始占据主导地位，适合表现文人画家意兴的山水画大量涌现。他们在书画上，力求风韵超逸、笔墨淋漓的风格，水墨艺术作品大为流行。显然，这些都需用优质画纸来表现。如王蒙（元代著名画家，与黄公望、吴镇、倪瓒同称为"元四家"）说："平生不用绢素，唯于纸上写之。"吴镇作画"每

以佳纸……故绢素画绝少"。赵孟頫存世的绘画书法作品，也大多为"纸本"。文化艺术的发展，推动了元代造纸业的发展。

关于宣州地区出产的纸，元代一些文人也有吟颂。如元代文学家顾瑛的一首诗中就说："荷君寄我黟川雪，犹带涟漪泻月声。"这是说当时黟县地方生产的纸，像雪色、像月光一样的洁白。另一位元代文学家傅若金有"新安江水清见底，水边作纸明于水"的诗句，也是在说当时宣州地区的纸质优异，已"明于水"了。

由于宣州地区的纸质优良，元代在蜀地亦有仿制者。元代的《笺纸谱》上说："近年又仿徽池法，作胜池纸。"

元代宣州地区，雕刻印刷业也很兴旺。如刻印有《汉书注》《后汉书》《三国志》等。加之当时编修谱牒之风盛行，这些都使社会对纸的需求量增加，从而促使了造纸业的繁荣发展。

元代著名农学家王桢，曾在宣州地区的旌德县任县尹，当时用木活字，以宣州地区所产的纸，印刷过该县县志。在他的《农书》中，对造纸的原料——楮树，也有过论述："煮剥卖皮者，虽劳而利大……自能造纸，其利又多。"

元代造纸业的发展，特别是宣州地区（徽纸、池纸）

造纸业的突出发展，已逐步在为真正宣纸的诞生，创造着必要条件。

在中国书画艺术史上，明代也是一个重要时期。随着社会经济的逐步稳定，文化艺术的繁荣，出现了一些以地区为中心的名家与流派。如以戴进为代表的浙派，以沈周、文徵明为首的吴门派，以董其昌为首的松江派、华亭派、苏松派以及蓝瑛的武林（旧时杭州的别称，以武林山得名）派等。真是流派纷呈，各显异彩。在山水、人物、花鸟各种画科上，都有着全面、巨大的发展。

明初"院体画"（一般指宋代以来官方画院和宫廷画家比较工致一路的绘画，也泛指非宫廷画家效法这种画风的作品）多用水墨，稍带写意。中期的"吴门四家"（唐寅、仇英、沈周、文徵明），尤其是沈周的浅绛山水及粗笔水墨的独特风格，发展了文人水墨写意画，对以后水墨与写意都有很大影响。明代后期董其昌的水墨，深浅渍染，浓淡分明。徐渭的画更是水墨淋漓，泼墨纵横。

明代书法也是成就斐然，流派众多，风格迥异。除一些名画家本身也是大书法家外，还有"三宋"（宋克、宋广、宋璲），"二沈"（沈度、沈粲）、"二钱"（钱溥、钱博）以及"二张"（张弼、张骏）等名家。

明代绘画书法艺术的繁荣,尤其是水墨写意画的盛行,促使发展中的宣纸日益完善,呼唤成熟的真正宣纸出现。

我们现在所指的宣纸,或说真正的宣纸,是指以青檀树皮为主要原料,以沙田稻草为主要配料,并主要以手工生产方式生产出来的书画用纸。它的特点是:韧而能润,光而不滑,薄者能坚,厚者能赋,色白如霜,久不变色,折而不伤,耐腐难蛀。它的突出特点是"润墨性"。

《石林避暑录话》说:"纸则近岁取之者,多无复佳品。余素自不喜用,盖不受墨。"看来在南宋以至元代,许多纸品还是"盖不受墨"。《遵生八笺》上说:"南纸坚薄,极易拓墨。"这里的"拓"字同"摭"字,意为拾取(见张衡《思玄赋》),故"拓墨"即受墨之意。这说明在明代南方,宣州地区的"南纸"已经明显具有"受墨"这种特性了。

在明代宣纸中,有一种宣德纸,明代思想家方以智在《物理小识》上说:"宣德陈清款……今则棉(纸)推兴国、泾县。"这种产于宣州地区泾县等地的棉纸为皮纸,即为宣纸。"宣德"为明宣宗年号,"陈清款"为造纸者陈清落款。清代邹炳泰在《午风堂丛谈》上也说:"宣纸至薄能坚,至厚能赋,笺色古光,文藻精细……宣纸陈清款为第一。"产于宣德年间的宣纸，因质优曾为"贡笺"，品种也不少。清代查慎行在《人海记》中说："宣德纸有贡笺，有绵料，边有宣德五年造素馨纸印。又有白笺、洒金笺、五色粉笺、金花五色笺、五色大帘纸、磁青纸，以陈清款为第一。"

关于宣州地区泾县造纸与制造宣纸的历史，《曹氏宗谱》序说："曹大三于宋末争壤之际，烽燧四警，避乱忙忙。由南陵之虬川，迁至泾县小岭山区，其徙居十三宅。当时因见此系山陬，无可耕土，因贻蔡伦术于后，以为生计。"这是说，宋末曹大三避战乱来到小岭，并开始从事造纸业。在以后长期造纸过程中，曹氏造纸世家以及"十三宅"的纸工们，在以往宣州地区造纸经验与技术的基础上，逐步创造出宣纸。以后又经明宣德年间直至明末，历时一个半世纪，已经制造出"至薄能坚，至厚能赋，笺色古光，文藻精细"的优质的、可以说是较成熟的宣纸。

有清一代，尤其初期，文化发达，艺术繁荣。绘画艺术，继续元、明之势，文人画日益占据画坛主流，山水画盛极一时，水墨写意画风靡于世。画家分支繁衍，派系林立，在文人画创作思想的影响下，众多画家刻意追求笔墨情趣，抒发"性灵"，怡情养性。

清代书画家众多，画家如"四王"（王时敏、王鉴、王翚、王原祁）、吴历、恽寿平、"四僧"（原济、朱耷、髡残、弘仁）、"金陵八家"（龚贤、樊圻、高岑、邹喆、吴宏、叶欣、胡慥、谢荪）、"扬州八家"（一般指汪士慎、黄慎、金农、高翔、李鱓、郑燮、李方膺、罗聘），以及任伯年、吴昌硕等。清代亦是中国书法史上的一个重要时期，称为"书道中兴"。书法家如号称"四大家"的翁方纲、刘墉、梁同书、王文治等。他们几乎都是以宣纸作画写字。他们的绘画书法，笔法酣畅，气势磅礴，追求墨色淋漓，敷彩鲜艳。这些都推动了宣纸的发展与提高。

再有，清代刻书印书业的繁荣，也促进了宣纸业的发展。仅以文艺作品为例，当时在徽州等地以宣纸刻印的书籍有：高明的《琵琶记》、张凤翼的《红拂记》以及《水浒全传》《聊斋志异》等。著名的《红楼梦》早期只是以抄本流传，清乾隆五十六年及五十七年（1791及1792），两次在徽州地区用活字印刷，这就是有名的"程甲本"与"程乙本"。在《红楼梦》第四十二回，贾宝玉、林黛玉、薛宝钗、贾惜春等人，在议论描画大观园全图时，宝玉道："家里有雪浪纸，又大，又托墨。"宝钗冷笑道："那雪浪纸，写字，画写意画儿，或是会山水的画南宗山水，托墨，禁得皴染。"这里提到的"雪浪纸"，就是一种宣纸。所说的"托墨",就是指宣纸的润墨性。雪浪纸很适合绘山水写意画。

清代宣州地区的宣纸业空前发展。清初的储在文在《罗纹纸赋》中说:"若夫泾素群推,种难悉指。山棱棱而秀簇,水汩汩而清驰。弥天榖树,阴连铜室之云。匝地杵声,响入宣曹之里。精选则层岩似瀑,汇征则孤村如市。"这是说,当时泾县的宣纸为群纸之冠,品类众多。那里山势秀峻,水流清急,榖树(即青檀树)遮天。"坑"地(山与山之间低地)的杵声响彻宣城曹溪乡里。精制的纸张,叠放似岩层,晾晒像瀑布。征收汇集的时日,偏僻的山村,像市集一样热闹。读罢储赋,当时那种热闹非凡的造纸景象,真是跃然"纸"上了。

宣州地区的造纸业,直至清末仍很兴旺,《宣城县志》上载有清代诗人赵廷挥的一首诗:"山里人家底事忙?纷纷运石垒新墙。沿溪纸碓无停息,一片春声撼夕阳。"从中也可使我们领会到,当时那里造纸者"纸碓无停息"的勤劳景象,与"春声撼夕阳"的动人场面。

最后需要说明的是,现今对明代宣纸取样化验,结果表明全部为檀树皮浆纤维。这就是说,明代制造宣纸的原料为单一的青檀树皮。宣纸中加入稻草浆为配料，则是清代以后的事。看来宣纸的制造有一个逐步发展的过程。广义上说，若是指宣州地区生产的纸，那么这种宣纸至迟在唐代就已经出现了；若是指以青檀树皮为主要原料所制造的纸，那么这种纸在明代宣州地区泾县小岭一带才开始出现；若是指以青檀树皮为主要原料，沙田稻草为主要配料所制造的纸，即真正的宣纸，则要到清代才产生。经过长期的实践，艰辛的探索，中国古代劳动人民，不仅发明了造纸术，而且还创造了宣纸。宣纸的发明是我国造纸科技史和文化艺术史上的光荣与骄傲，也是对世界文化史的杰出贡献。

宣纸的种类

宣纸历史久远，种类繁多，根据不同的标准可以有多种分类。

根据配料比例，可以分为棉料、净皮、特净三大类。一般来说，棉料是指原材料檀皮含量在40%左右的纸，较薄、较轻；净皮是指檀皮含量达到60%以上的；而特净是指檀皮的含量达到80%以上。皮料成分越多，纸张更能经受拉力，质量也越好；对应使用效果上就是：檀皮比例越高的纸，更能体现丰富的墨迹层次和更好的润墨效果，越能经受笔力反复搓揉而纸面不会破。这或许就是为什么书法用棉料宣纸的居多、画画用皮类纸居多的原因之一——并不是不能用净皮、特净皮纸写字，而是棉料宣纸已经基本上能够满足书法的需要了。

此外，根据纸的厚薄不同，还可以分为单宣、夹宣等。根据尺寸不同，可以分为四尺宣、五尺宣、丈二宣等。根据加工不同，可以分为生宣、熟宣、笺纸三大类。

生宣：生宣就是普通生产的宣纸，没有经过任何处理，具有渗化、吸水等特性，润墨性很强。用于泼墨、写意画。易产生丰富的墨韵变化，以之行泼墨法、积墨法，能收水晕墨章、浑厚华滋的艺术效果。写意山水多用它。生宣作画虽多墨趣，但落笔即定，水墨渗沁迅速，不易掌握。生宣的品类则有夹贡、玉版、净皮、单宣、棉连等。

熟宣：熟宣是在生宣上加刷一层胶矾，使其失去渗化和吸水特性，因此熟宣也称"矾宣"。纸质较生宣为硬，吸水能力弱，使用时墨和色不会洇散开来。因此特性，使得熟宣宜于绘工笔画而非水墨写意画。其缺点是久藏会出现"漏矾"或脆裂。熟宣可再加工，珊瑚、云母笺、冷金、洒金、蜡生金花罗纹、桃红虎皮等皆为由熟宣再加工的花色纸。

笺纸：笺纸是用生宣按照不同用途，通过印刷、染色、加料、擦腊、砑光、泥金、泥金银粉、洒金银箔片、描金银图案等方法制成的纸。多数又称"花笺"或"锦笺"。用宣纸加工成笺纸后，往往冠以种种雅称，主要用于书写。如玉版（以淀粉为黏合剂，将两层以上生宣托裱制作而成）、虎皮宣（即"金粟笺"，是将宣纸加工点染成斑纹，使之美观）等。

宣纸的原料

主要原料：宣纸的主要原料为青檀，一般称檀树，是我国特有树种。青檀树枝叶茂盛，高者可达15米左右。形似楮树，树皮呈青灰色，茎皮纤维为制作宣纸的上佳原料。

主要配料：生产宣纸加入适量稻草，可使纸质更佳。稻草以当地所产沙田稻草为上品，它比泥田稻草纤维更细长、坚韧，可增强绵软性。此外，稻草吸水性能好，可改善吸墨性能。

主要药料：宣纸主要药料为杨桃藤，又名羊桃等，为藤本植物。在纸浆中加入杨桃藤的汁液（又称"滑水"），是为了增加纤维在纸浆中的悬浮度，使纤维均匀分散，从而使抄出的纸张厚薄一致。

宣纸生产取用泾县地区生长的三到四年的青檀树枝韧皮，其纤维规整性高，细胞壁内腔大，细胞壁表面有皱褶，吸附性强。每年冬季进入休眠期后砍伐，次年春季又可透发新枝。用青檀树皮制造出来的宣纸，吸附性强，不易变形，抗老化，防虫蛀，寿命长，有助于书画家在书画创作时，达到浓淡多变的特殊风格。自明以来的名人字画、历史文献等，凡用宣纸书写、印刷、摹拓者，大都保存完好，一直传承至今，故宣纸有"纸寿千年、墨韵万变"之盛誉。所有这一切，都与宣纸以青檀树皮为主料是分不开的。

沙田稻草是长在泾县及附近地区含沙量较高的稻田里的水稻秸秆，它与一般的泥田稻草比，高秆节少，灰分杂质少，木质素含量低，纤维素含量高。沙田稻草是宣纸生产的另外一种主要原材料，在宣纸中起着增强绵软性的作用。在每年秋后，宣纸工人要对稻草进行长达一年左右的加工处理，才能得到制作宣纸的原材料——燎草。

泾县地处皖南山区，以丘陵低山为主，自古称为"七山一水一分田，一分道路和庄园"，地貌呈"二起一伏"的特征：东西两部为山地丘陵，中有一条河谷平原。山地丘陵主要是侵蚀剥蚀丘陵和喀斯特丘陵，是宣纸重要的原材料青檀树的理想生长地；中部河谷则为宣纸制造提供了另一种主要的原材料——长秆沙田稻草。泾县得天独厚的自然环境为宣纸的生产提供了丰富的原料资源。

宣纸的制作

宣纸的制造是先要取得纤维素，即去掉植物纤维中的木质素、果胶等，制成纸浆，再经抄纸制成纸张。制造宣纸的传统工艺流程是非常复杂的，其主要工序主要有皮料制作、草料制作、配料，然后才是制纸。

皮料制作：先选料，砍剔青檀枝条，以生长二至三年的为上等。碱水蒸煮一昼夜，再剥离檀皮；再渍灰，即浸入石灰汁；再堆积若干天；再蒸煮摊晒二次，每次约一个月，制成燎皮；再拣皮压榨；再舂捣打料；再漂白（五个月左右），制出檀皮纤维料。

草料制作：稻草经木碓槌打击碎；再浸入水中一至二月；再浸入石灰汁堆积四个月；再蒸煮；再摊晒数月；再蒸煮摊晒一次，制成燎草；再压榨，舂捣打料；

再漂白七个月，制出稻草纤维料。

其中渍灰、蒸煮是使纤维快速脱胶，埋浸、堆积是微生物发酵脱胶，其作用都是使木质素等与纤维素脱离。漂白是增加洁白度，有日光漂白与药物漂白。舂捣是使纤维素氢氧基露出，形成氢键，以便垒积成片，最后成纸。

配料过程：将皮料与草料按一定比例混合，搅匀去水，称为全料。

制纸过程：首先是配水，将全料放入纸槽，注水，加入药料（杨桃藤等黏液，又称纸药），打匀；再经抄纸（又称捞纸、滤纸）。抄捞时，将竹帘浸入纸浆中，快速抬出，将帘上存水滤下，纸料积留帘上，再将帘反置槽架上，单手提起，留纸胎于平板上，即成一纸。抄纸是制纸技术重要环节之一，要求技术娴熟，配合默契。抄纸时，首先要将纸浆荡匀，然后持帘抄纸，称为"拍浪"，拍浪工序起着将纸浆搅匀与送浆上帘的作用。抄纸技术决定所制纸张的厚薄与优劣。明代科学家宋应星在《天工开物》上就说："厚薄由人手法，轻荡则薄，重荡则厚。"再后就是将一定数量的积纸，经榨纸工序压出水分，压榨过程需缓慢进行。最后为晒纸，又称焙纸、炕纸。焙干即成宣纸。

竹帘是抄纸所用的关键工具，因其形状规格不同，以及帘面编织纹路与图案不同，从而可抄制出不同规格和品种的宣纸。竹帘制作非常精细，是一门独特的手工技艺。要经过剖篾、抽丝、编织、涂漆等数道工序。宣纸制作，窥此一斑，即知繁难。

宣纸的制作，一般说来要经过 50 多道工序，100 多种操作手续。生产周期长达 300 多天，真乃"水火相济，日月光华"之功，能工巧匠之技。宣纸的发明创造是我国劳动人民智慧与辛劳的结晶。

宣纸的特性

宣纸有耐久性。宣纸的寿命至少是一千多年，而普通纸大约在二三百年后就会因自然老化而破损。新闻纸的"寿命"更短，五六十年后就会变黄、发脆。所以，宣纸算是纸中的"老寿星"了。

宣纸的耐久性与它的 pH 值有着密切的关系。绝大多数宣纸的 pH 值都在 8.3 左右，呈碱性状态。因为宣纸呈碱性，这使其能够抵抗空气中"酸性气体"的侵蚀，其纸内纤维才不易发生化学变化，纸也不易出现颜色变黄、强度下降等情况，所以宣纸的耐久性远超普通纸。

宣纸除具千年之寿的耐久性及不易变形的稳定性之外，最大的特点是具有润墨性能。所谓的润墨性能是指用水墨作画及书写时，墨迹扩散周边匀称，渗透力、吸附力强，墨色浓淡分明，层次清晰，立体感强。泼墨处淋漓豪放，积墨处深沉浑厚，浓墨处光亮鲜艳，淡墨处空蒙飘逸。宣纸这种渗化吸水的润墨性，真是如雨入沙，随形幻化。用其书写作画，神韵毕现，妙境尽达。

为什么宣纸具有这种渗化吸水的"润墨"特性呢？这是因为在青檀韧皮纤维细胞壁上，有着大量的"皱纹"，而其他植物纤维的"皱纹"要少得多。这种"皱纹"对"润墨"起着重要作用。一方面，"皱纹"可以容纳、滞留一些细小的微粒，如碳酸钙等，这些微粒可以帮助吸附墨液；另一方面，"皱纹"的深浅，造成了吸墨量的不同，从而使墨色有了浓淡变化，产生出层次丰富的艺术效果。

宣纸有变形性。宣纸能够随自然环境的变化适当伸长或收缩。它不怕折揉，可以重新装裱，即使折揉很多次，一经装裱便能整洁如新。

使用宣纸的注意事项

宜平：书写时必需平放，才易于书写；如果纸皱了，便不易书写了。唯有人写古篆隶时，故意将纸揉皱，以求斑驳之致与古意。

洁净：纸上污秽，会影响运笔、墨色与观瞻，灰尘也会影响运笔，若与墨汁相杂，墨既不坚，亦乏光彩。这虽然只是小事，但也是很重要的哦！

固定：书写时纸需固定，若纸随笔动，字便不能随心应手。方法除了以左手按纸，也可以用镇尺（又叫镇纸）压在适当的位置，使纸固定。

垫吸水布：以笔饱蘸浓墨写字时于顿挫重按处，力透纸背，墨渗纸外，不但会沾污桌面，且笔画染开，也会破坏画面。所以需要以吸水纸或布垫在纸下，可以将渗出的墨吸干净，保持画面整齐。

待干收纸：墨汁未干时收纸的下场大家都很明白吧！还有，不要自作聪明地用卫生纸吸干墨汁，这样不但会使墨易脱落，且会使墨色受损。收拾时，不要任意折叠，以免把纸破坏了，有碍观瞻。

藏之于干爽阴凉处：纸受潮易腐朽，过度干燥又会破裂，因此若想使书画能长长久久，须保存在干爽阴凉的地方。其他如虫蛀问题也需注意。

三、吐广长舌，演微妙词

上文说到北宋的文人士大夫对于澄心堂纸有一种特别的钟爱，关于澄心堂纸的诗文也颇多。据说北宋大文学家欧阳修在修《新五代史》时用的就是澄心堂纸，不过真实情况是否如此，那就不得而知了。刘敞（字原父，北宋文学家）在《公是集》中说，他去年得到了一些澄心堂纸，特别爱惜它，于是就邀请永叔（欧阳修字，古人以直呼其名为不敬，故常称字）一起各写一篇文章来记述，并且作诗述说这件事："流落人间万无一，我从故府得百枚。"作为交往甚密的朋友，欧阳修自然也从刘敞那里得到了十枚澄心堂纸，并做了一首《和刘原父澄心纸》的诗来唱和。欧阳修的这首诗以澄心堂纸为主线，夹叙夹议地歌咏了石延年、苏舜钦和梅尧臣三人，并且认为只有这三个人才最配得上使用澄心堂纸，整首诗同时写纸和人，咏纸时不忘咏人，咏人时不忘咏纸，相互交融。

后来欧阳修还特地从这十枚纸中选出了两枚，用上好的丝绸裹好派人送给他的挚友梅尧臣。梅尧臣看着这光洁的澄心堂纸,一方面感叹它的精美,一方面也有所思,遂提笔作诗一首答谢欧阳修:

  昨朝人自东郡来,古纸两轴缄縢开。
  滑如春冰密如茧,把玩惊喜心徘徊。
  蜀牋蠹脆不禁久,剡楮薄慢还可咍。
  书言寄去当宝惜,慎勿乱与人剪裁。
  江南李氏有国日,百金不许市一枚。
  澄心堂中唯此物,静几铺写无尘埃。
  当时国破何所有,帑藏空竭生莓苔。
  但存图书及此纸,辇大都府非珍瑰。
  于今已逾六十载,弃置大屋墙角堆。
  幅狭不堪作诏命,聊备粗使供鸾台。
  鸾台天官或好事,持归秘惜何嫌猜。
  君今转遗重增愧,无君笔札无君才。
  心烦收拾乏匮椟,日畏扯裂防婴孩。
  不忍挥毫徒有思,依依还起子山哀。

  梅尧臣说,昨天有人从东郡过来,捎来了你(指欧阳修)送我的两轴古纸,这纸是真心不错,比蜀笺、剡纸什么的强太多。你嘱咐我要好好珍惜它,不要随

第三章 舒卷随幽显,廉方合轨仪——纸

随便便就让人去剪裁。不过,我心里怎么隐隐约约有点不是滋味呢?当年南唐主宰南方的时候,即使拿重金也买不到一张这样的纸——只有江南澄心堂中藏有这个东西。当国家破亡的时候,空竭的国库中甚至生出了青苔,可是能够在兵荒马乱的情况下还能保藏这些珍贵的纸张,南唐也是有些许功劳的了。从南唐亡国到现在已经六十多年了,所以很多人肉眼凡胎,不识得此等宝物,认为它"幅狭不堪作诏命",于是便将其弃置在大屋墙角,姑且提供给鸾台(唐时门下省别称)使用。梅尧臣这首诗的字里行间充满了对朝廷

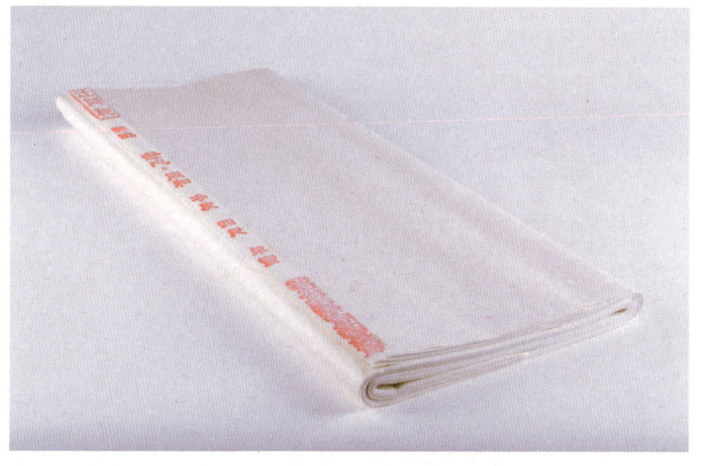

复古纸

143

不识宝物不识人才的讽刺。可是面对着这两轴欧阳修赠送的澄心堂纸，惭愧之情同时也涌上心头。为什么呢？因为没有欧阳修那驰骋天地间的才华啊，加之也没有柜椟（衣物柜也）来存放，天天得防着小孩子把它给撕了。

　　欧阳修赠纸时嘱咐梅尧臣要好好把这澄心堂纸当宝贝一样珍惜，千万不要让人随随便便给剪裁了。从梅尧臣诗中看，梅氏何止是不让别人随便剪裁，就是他自己也不忍在纸上挥毫泼墨了。

第三章 舒卷随幽显,廉方合轨仪——纸

四、莫谓纸薄,其用孔多

在中国古代,纸不仅是书画及印刷的最佳材料,大大地促进了文化的传播与发展。除此之外,其实纸在中国古代社会中,还有着更为广泛的用途。

纸币

随着现代经济的发展,人们已经越来越习惯于使用银行卡或者虚拟货币进行支付了,可即便如此,银行卡或虚拟货币现在都还看不出半点能够取代纸币的端倪。纸币仍然会在很长时间里伴随着我们的生活。

纸币的产生当然是社会经济发展的产物,但是其前提条件当然是得有纸。作为最早发明造纸术的国家,纸币似乎也应该最早在中国出现。

事实也确实是这样。

中国最早的纸币,当然也是世界最早的纸币,出现在北宋时期的四川地区。因为中国银矿少而铜矿铁矿较多，故而在北宋之前以及北宋初期市场上流通的多是铜钱或铁钱，其中四川地区更是多用铁钱。我们知道，铁的价值是比较低的，一千枚铜钱也就是一贯相当于一两银子，而十枚铁钱才可兑换一枚铜钱。出门买个东西就得带上几斤重的货币，想想也是醉了。铁钱的弊端越来越多，无论是官是民还是商贾都苦不堪言。不过人民群众的创造力总是无穷的。宋真宗大中祥符十年，也就是公元1017年，四川的16家富商一合计，便联合发行了一种叫作"交子"的纸币在市场上流通。交子既可以依据票面上所写的钱数在市场上购物，也可以向发行交子的商家兑取现钱。这着实方便了商品交易和百姓生活，但是由于交子是私人发行的，货币信用难以保证，

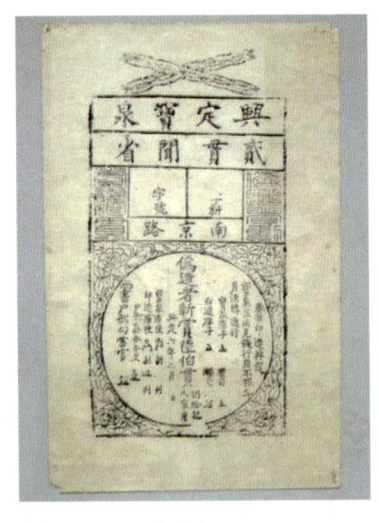

北宋交子

第三章 舒卷随幽显,廉方合轨仪——纸

一旦发行交子的商家倒闭,交子便立马变成废纸一张,可是纸币的流通又是大势所趋,于是乎在宋仁宗天圣元年,也就是公元1023年,改由官府直接发行。

交子的产生与造纸印刷技术有着极大的关系,而北宋四川地区造纸印刷技术的高度发达无疑为交子的产生提供了重要的前提。我们知道,从两汉到唐代,最为盛行的是麻纸。据潘吉星的《中国造纸技术史稿》说,到目前为止,已出土的两汉古纸无一例外都是麻纸。即使到了唐代,麻纸也是所有纸品中最为流行的(敦煌千佛洞出土的唐代文书中,百分之八十以上都是麻纸)。究其原因,麻纸的制造技术是最为简单的,原料来源也是十分丰富的。在造纸技术的肇始阶段,技术和原料来源可能就是制约造纸的最大瓶颈,而麻纸的诸多特质显然是适应造纸初期的需要的。四川地区也是生产麻类的地区,故而长期以来四川地区造的纸主要也是麻纸。可是麻纸的缺点也是显而易见的。麻纸的纤维粗,纸纤维之间的孔隙也比较大,故而纸质显得厚重,特别是印刷时很容易出现墨色浸染的状况,使得图案和字迹模糊不清。另外,麻纸纤维比较脆硬,容易折断,纸张不耐用,不适合长期流通。综上所述,麻纸不是印刷纸币的理想用纸。

除了麻纸之外,唐代兴起了一种皮纸。皮纸是以

植物韧皮为原料的，以越州（今浙江绍兴）出产的藤纸为最优。李肇《国史补》上说，唐代的纸有越州的剡藤、苔笺；蜀地的麻面、屑末、滑石、金花、长麻、鱼子、十色笺；扬州的六合笺；韶州的竹笺；蒲州的白薄、重抄；林州的滑薄。到了唐代后期，已经有了麻纸、皮纸和竹纸的分别。皮纸的出现是造纸技术发展到一个新阶段的标志，是造纸技术的巨大飞跃，其质量要比麻纸高出许多，是能够满足高质量印刷用纸的要求的。这就直接为北宋时期成都交子的产生奠定了技术条件。

刚开始，交子的面值只限于一贯到十贯，其数字在发行时临时填写，后来改为固定面额，各种面额按照一定的比例发行。当时雕版印刷已经非常发达，交子的面额就是先在雕版上刻好定额发行的，这跟现代纸币的发行方式已经相差不大了。随着交子的大量发行，对造纸业也提出了更高的要求。为了防止假币，也为了大量供应优质的交子用纸，在宋神宗熙宁年间（1068-1077），在成都南郊成立了由官府直接管理的抄纸院，专门制造用于印制交子的楮皮纸。到了宋光宗绍熙五年（1194），抄纸院又搬迁至成都西郊的净众寺附近，成为一个大型的专门制造交子用纸的工场。作为造纸技术中最为关键的工序，抄纸由官府工

第三章 舒卷随幽显,廉方合轨仪——纸

场直接操作,所以工场主要雇佣抄匠和杂役。而造纸所用的原料则主要由民间作坊来供应。楮皮的交子用纸只要在抄纸的过程中,增添纸料,做工精密严谨,那么民间就很难伪造纸币。

此后,宋代又发行过"钱引"和

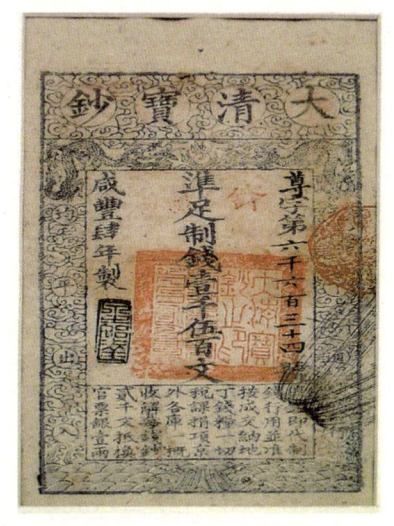

大清宝钞

"会子"两种纸币。纸币会子主要发行于东南地区,其原料来源无外乎还是徽州、池州、成都、临安等地,尤以成都楮皮纸质量最好,最不容易伪造。元明清各朝也都发行有纸币,比如"至元通行宝钞""大明通行宝钞""大清宝钞"等。

报纸

当微博、微信占据了人们大量阅读时间的时候,我们曾叹息纸质媒体的式微。可是我们是否想过报纸等纸质媒体的出现，也曾经一度改变过人们的生活，而其前提仍然是纸的应用。

我国报纸出现的时间很早，据唐宣宗时期的孙樵说，他曾在襄汉一带收集到几十幅抄件，内容都是按日记载的朝廷动态，一共好几百条。有人说这是唐玄宗开元年间的记事，他便逐条与《开元录》对照，果然全都相符，于是就把那些抄件称为"开元杂报"。"开元杂报"就是唐朝政府发行的"官报"，以报道宫廷动态为主，其读者则是首都的官吏。

唐德宗建中元年（780），闲居在家的韩翃（"大历十才子"之一）好事临门。韩翃的一个韦姓朋友在一天半夜的时候匆匆赶来报喜，说是韩翃已经被朝廷委任为驾部郎中、知制诰。韩很是惊讶，觉得绝对不会有这样的事情。老韦说："我刚刚看过留邸状报，上面说朝廷缺乏起草禁中文件的人，而对于中书省连续两次推荐的人选，皇帝都迟迟没有批复。最后才御笔写了'与韩翃'三个字。可是同名同姓都叫韩翃的有两个，还得再次请示皇帝。皇帝批复道，就是那个写'春城无处不飞花，寒食东风御柳斜，日暮汉宫传蜡烛，轻烟散入五侯家'的韩翃，这说的不就是你吗？"这里提到的"留邸状报"也叫"邸报"，因为这种专

第三章　舒卷随幽显，廉方合轨仪——纸

门报道朝廷近事的"报纸"是由"邸"负责发送的。唐朝的"邸"其实就是地方长官设在京师的办事处兼招待所。"邸报"由邸员根据朝廷发布的内容手工传抄，后改为由内阁统一抄发，就叫"阁抄"了。

宋代也有邸报，其发行主体是各地派驻首都的进奏院。邸报内容仍然主要是皇帝诏令和起居言行，以及有关官吏任免赏罚的消息和官员的奏报。相对于唐朝，宋朝更为进步的一点就是，邸报除了手抄的以外，还有部分是以雕版印刷的。

北宋末年，政治环境的动荡、文人社会的高度发展以及活字印刷术的发明和造纸术的发展直接推动了小报的产生。小报是中国历史上最早的非官方报纸。在宋代空前繁荣和自由的商业社会（从北宋画家张择端的《清明上河图》中就可以看到）中，小报一方面作为传播信息的手段方便了受众，另一方面它也为编印、销售小报的人员提供了获利的手段。

早期的报纸并不公开发售，只是供地方政府的官员阅读，所以其发行的数量是很少的。到了明代后期，这类报纸允许民间出版商自行翻印出售，这些出版机构称之为"报房"。清代仅北京一地便有报房十多家，其印刷出版的报纸就叫作"京报"。因为京报的内容具有一定的保密性，阅读京报是官员的特殊政治待遇，

一般黎民百姓是没有资格阅读的,所以民办报房在清代雍正之前是被禁止的。京报发展到完备的形式是始于乾隆年间,之后日趋兴盛。现存的京报实物(其形式类似于期刊,其内容只能起到公告板的作用,故不能算作现代意义上的报纸)大都是光绪、宣统年间出版的,也有少量是道光年间出版的。由于京报封面一律使用黄纸,所以当时人们都把京报叫作"黄皮京报"。

壁纸

如果我们对敦煌飞天印象深刻的话,那么对我国的壁画艺术就不会感到特别陌生。如果对壁画有所了解的话,那么对我国一千多年前就产生了壁纸就不会感到惊讶了。没错,壁纸和壁画是有着某种渊源关系的。壁纸的主要功能就是美化环境,在室内四周的墙壁上糊上彩色的纸,营造出或神秘,或温馨,或热烈的氛围。在墙壁上糊纸的做法很有可能就是从制作壁画中受到的启发,因为在壁画绘制前要在墙壁上糊上一层布帛,然后在布帛上刷上白粉,之后才可以在上面绘图。早在南北朝的时候,人们便已经使用绘有图案的纸来裱糊墙面以作装饰之用,类似于今天的镜心

（一种装裱方法），一般尺幅较大，称为"贴落"，也可以叫作"纸质壁画"。不过宋之前的贴落实物很罕见。明清时期的壁纸多为粉笺，也就是在彩色粉笺上印上花鸟山水用来糊贴墙壁。这种纸可以批量生产，既省工又省时，依次贴在墙上还可以形成大面积的连续图案。另外还有一种砑（yà）花五色壁纸，图文并茂，甚是美观，富有文化气息。明末清初的李渔在《笠翁偶集》（又叫《闲情偶寄》）上介绍了一种壁纸的糊壁方法：用一层酱色的纸作底糊在墙上，再用豆绿云母笺随手撕成零星小块粘贴在上面，块与块之间露出一线缝隙，必定大小杂错斜正参差，营造出一种冰裂碎纹的效果，如同上好的哥窑瓷器一般。

  大约在明代晚期，我国的壁纸就传到了欧洲。彼时的欧洲，壁纸正在兴起以取代浮雕、皮革或挂毯等昂贵的墙面装饰，中国壁纸的传入大大促进了壁纸的流行。虽然作为廉价的替代品，壁纸并不适宜作为重要房间的装饰，但是中国的壁纸以其绚丽的色彩、精美的画面、精细的工艺和异国情调并不受这一限制，并得到上流社会的青睐，成为18世纪中后期欧洲的流行装饰。在当时，英法等国的报纸上甚至还有售卖中国壁纸的广告。这股流行的劲头一直持续到20世纪。

从中国输入欧洲的壁纸大多是成套的，也就是说每张纸的画面都不一样，但是在房间里拼起来就可以组成一组连续的画面。到目前为止，欧洲还有很多房间装饰的壁纸被完整地保留了下来，成为各地博物馆珍贵的藏品。17～19世纪，中国外销的壁纸主要有三种类型，一类是"花树与鸟"题材的，这类壁纸销量最大，画面自然清新中透露着优雅；一类是"人物风景"题材的，主要表现游园、宴乐、狩猎等中国人的日常生活；还有一类是以中国传统的手工业为题材的，比如丝绸、茶叶、瓷器等。中国的壁纸虽然广泛流行，但是价格昂贵，于是欧洲各国开始纷纷仿制中国壁纸。在诸多仿制品种，英国的壁纸价格相对低廉，而法国的壁纸则更为精美。

特殊用途的纸

纸衣 唐朝大历年间（766-779）有一个和尚叫苦行，平时不穿缯絮布绁之类的衣服，却穿着一件用纸做的衣服（人如其名啊），当时的人都叫他"纸衣和尚"。僧人以及信佛的居士穿纸衣大概是遵循佛教"不穿从蚕口中吐出的丝织成的衣服"的教诲。因为

第三章　舒卷随幽显，廉方合轨仪——纸

不透气，所以纸衣穿着会很暖和，但是不出十年，穿纸衣的人就会面色蜡黄呼吸困难，从而断绝常人的嗜欲。穿纸衣不适宜洗澡，而且外面的风也进不去，里面的气也出不来，久而久之，呼吸困难也是可以想见的了。

《文房四谱》中还详细记载了制作纸衣的方法，即每一百幅纸用胡桃、乳香各一两煮或者蒸，趁热洒乳香而阴干，用箭干横卷而顺蹙之。远征的军人也有穿纸衣的，主要是为了抵抗塞外风寒。宋代诗人王禹偁在《小畜集》中说，五代时王审知割据福建一带时，残害百姓，人民多穷困，很多人穿不起布帛的衣服，只能以纸为衣了。

纸帐　大约也是基于佛教教义，既然不能招惹蚕口里吐出的东西，僧人们便对纸制的东西产生了浓厚的兴趣。唐代的诗僧齐己就有诗曰："沙泉带草堂，纸帐卷空床。"（《夏日草堂作》）所谓的纸帐就是用藤皮茧纸缠绕在木上，勒作皱纹，不使用糨糊，但是顶部用的是布（毕竟帐子也是要透气的），然后用纸缝制。跟纸衣一样，纸帐大约也有绝嗜欲的作用。文艺的宋代人常在纸帐上画些花鸟作为装饰——"道人（指和尚）还了鸳鸯债，纸帐梅花醉梦间。"（朱

敦儒《鹧鸪天》）因为纸的特殊性质，透气性非常差，所以纸帐只适用于冬天，而不宜于夏天。

纸被 既然纸的保暖性那么好，不用纸来做被子就可惜了。而且从宋人的诗文看，纸被不但白而且软，不但软而且暖。僧人德洪就说，纸被子在床上堆叠得有如明雪，伸手摩挲又感觉软得如绵一般。盖着纸被子，旁边生着炉火，想不做个好梦都难。这可比紫茸毡什么的好多了。陆游也说，把纸被子围裹在身上可以稳稳地度过这寒冬，而且纸被比狐腋还要白，比绵还要软。纸被这么好这么受欢迎，所以当时甚至出现了专门制作纸被的作坊。一般来说纸被都选用上好的藤纸，加工成丝绵状，用纸张表里，做成被子的形状。

纸鸢 "待字闺中谁家小姐，琴声幽幽拨我心弦，盼相见，日日在她门前放纸鸢……"一曲《少年游》把我们拉回了那个青涩的年代。纸鸢曾是多少人儿时的回忆啊。纸鸢就是风筝，以竹篾为骨架，在竹篾上糊上纸，用一根长长的线系着，趁着风势可以飞上天空。

你们知道纸鸢除了可供玩耍还有什么妙用吗？

第三章　舒卷随幽显，廉方合轨仪——纸

纸　鸢

相传，纸鸢是韩信发明的。当年汉高祖刘邦讨伐陈豨的时候，韩信建议从军中放出纸鸢，通过几何学知识以测量到未央宫的距离，为挖通向未央宫的地道做准备。而在楚汉相争的决定性一战——垓下之战时，项羽的军队被刘邦和韩信的军队合围，韩信派人制作风筝，并在风筝上挂上风笛，风筝起飞迎风作响，而地面上的汉军则以笛声配合，唱起楚歌，达到了瓦解楚军士气的作用。

小结

从楮先生、楮知白、楮待制、楮园公、好畤侯、剡溪遗老、云肪……这些纸的别称中就可以看出中国古代文人对于纸有一种特别的嗜爱。

与笔、墨、砚不同的是，纸特别是造纸术的西传，对整个世界历史进程造成的影响怎么说都不为过：造纸术的推广让知识找到了廉价的载体，使知识的大规模传播成为了现实。

纸，就是文明的催化剂，无论中外。

第四章

谁凿山中石,人间供翰墨——砚

一、砚的起源与发展

无论是笔，是墨，还是纸，都不是中国所独有的，其他国家和民族也有，只不过没我们国家那么讲究罢了。唯独"文房四宝"中的砚，是中华文化圈所独有的，这可能是大家所没有想到的吧。

在如今学习中国书法的热潮一浪高过一浪的态势下，砚也并不是很经常地被用到，因为如今人们已经习惯直接使用墨汁了。只要使用墨汁，砚似乎就成了多余的物件。《释名》上说，所谓的砚，就是研，就是把墨细细磨成粉并用水化解。在古时，"砚"和"研"其实就是一个字，而其偏旁都是"石"，这也说明石是古砚的基本用材。段玉裁注释《说文解字》就说，砚的本义是指石材光滑不涩。在前文中我们提到在陕西临潼姜寨遗址中曾出土了一套绘画工具，其中就有研磨颜料用的石砚、砚棒和砚盖。这距今六七千年的石砚正是后世砚的前身。但是，这还不是最早的砚。

砚究竟起于何时，现在尚无定论，但可以肯定的

第四章 谁凿山中石，人间供翰墨——砚

临潼姜寨出土的绘画工具

是，古人用砚，以简易为上。在氏族公社时期，蚌壳在黄河中下游一带是一种相当容易得到的原料，而目前所能见到的最古老的的"砚"就是用蚌壳制作的。随着时间的推移，蚌壳砚便慢慢被更为实用的石砚所取代了。除了陕西临潼出土的石砚，陕西宝鸡北首岭遗址也出土有石砚，石砚呈椭圆形，长17.8厘米，宽约14厘米，有大小两个凹槽，属于仰韶

陕西宝鸡北首岭遗址出土的石砚

161

文化早期,距今大约5000年。

到了殷商时代,作为文明社会的主要标志,文字已经基本成熟,当时的毛笔制作也有所进步——在殷墟出土的甲骨上可以约略看到用毛笔书写的朱墨笔痕。按理说,当时应该是有石砚的,可是至今仍未发现商代石砚,只是在殷墟妇好(商王武丁之妻)墓中发现了一件玉砚。玉砚呈方形,三面有框,在砚的底

商代玉砚

第四章 谁凿山中石，人间供翰墨——砚

部雕刻有一对鹦鹉，其雕工之精细让人叹为观止。由此我们大约也可以想象得到，商代如果有石砚，其造型亦必灵动非常。

我们看不到商代的石砚，周代的石砚却是可以见得到的。在河南洛阳曾出土了两方周代的砚，一方为玉质牛形，另一方则是由粗砂石打磨而成的。就其形制和用途来讲，的确已经具备了后来砚台的某些属性，只不过这两方砚上都残留了一些朱红色的颜料，故而严格说起来，把它们称之为"调色器"似乎更恰当一些。或者说，这一时期的砚兼有调色器的功能。

到了春秋战国时期，关于砚的记载便多了起来。据传，鲁国孔子庙中就有一方石砚，其制作风格甚是古朴，是孔老夫子平生所用之物。另外还有记载说，春秋时越国的大夫范蠡也有一方石砚。不过，孔子是不是真的就有一方石砚，多数人还是持否定态度的。但是我们无法否认的是，作为中国至圣先师的孔子，曾经读书"韦编三绝"，删《春秋》，理《诗》《书》，是必会有研磨的工具的。民间更是流传有不少孔子与砚的故事。传说，孔子曾在一年秋天到现今的连云港眺望大海，"智者乐水"，孔子触景生情，提笔在一块大石上题写了"石砚"二字，后来这块大石便被人称作"孔子砚台"，这块大石所在的山也被叫作"孔

163

望山"。一些神话更是将孔子与砚台描绘得神乎其神，话说当年孔子游楚国的时候曾经登上一座山，山上有一块坐石，周围连草木都不生长，另外还有一块砚石，每当下雨，就有墨水从中浸出。这些虽都不足为凭，但也间接地说明了春秋战国时期使用石砚的史实。

最早的墨为颗粒状和碎片状，故早期的石砚需要使用研棒。随着墨块的产生，研棒也就变得无用了，以至于大约在东汉末期终于被淘汰。

汉代的砚出土的有不少。如1981年在山东省临沂县（今临沂市）金雀山西汉墓出土的长方形漆盒石砚，砚长21.5厘米，宽7.4厘米，高0.9厘米。木胎砚盒，里外髹漆彩绘，内镶石板，石板上方有研石，同时出土的还有毛笔、木牍等。在汉代古墓中，多有长方形石板出土，并配有精致的木盒或漆盒。这种石板或称黛板，黛板可研磨黛粉用以美容，《楚辞》即有"粉白黛黑，施芳泽只"之语。石板也可研墨，用于绘画书写，因此也称为石砚。江苏省扬州市邗江区西汉墓出土有彩绘嵌银箔漆砚，此砚为木胎，平面呈凤字形，砚池中间有三角形泄水孔，羊首木塞。砚身髹黑漆，侧面饰贴银箔人物、禽兽，砚背朱色漆地，饰黑色云气及腾龙飞凤。我国漆器的发明与使用都较早，此件漆砚工艺精湛，绘饰精美，说明漆器在汉代已有了很大的发展,也说明了我国砚种的丰富与别致。漆砚在以后历代也有制作与使用。

西汉漆盒石砚

1955年在河北省沧县(今属沧州市)出土东汉石砚,砚分为砚盖、砚身及底部三足。砚盖雕成双龙盘绕,两龙口部衔接,颈下透雕,中腰盘转,四足匍匐。此砚也附有研石,砚盖内正中有一凹槽,砚盖与砚身相合时,恰可容下研石。整个石砚,设计巧妙,造型生动,工艺精美。东汉石砚的形制与制作,比之多为简单饼状或素面板状的西汉以前的石砚,又前进了一步。1978年在河南濮阳南乐县出土了一方三足圆石砚,砚盖雕刻异常精美,浮雕六条相互攀缠的飞龙,阴刻龙鳞,四周刻饰翻卷水浪。飞龙六首攒聚,共戏宝珠,巧妙组成盖钮。如此精巧的石砚,尚属少见,实为汉砚杰作。更引人注目的是此砚有铭文四十四字,盖钮为"君"字,砚底中为"五铢"二字,砚口沿一周隶字:"延熹三年七月壬辰朔七日丁酉君高迁刺史,三公九卿,二千石,君寿如石,寿考为期,永典启之,研直二千。"砚石铭文对了解当时的社会历史与砚主

河南濮阳南乐县出土的东汉盘龙石砚

第四章 谁凿山中石，人间供翰墨——砚

情况等都有重要的价值，是"文房四宝"重要的文化内容之一。

除石砚外，汉代还有陶砚、铜砚等。陶砚如汉 12 峰陶砚，长 18.5 厘米，宽 21.5 厘米，通高 17.9 厘米。此陶砚为箕形砚面，前低后高，向前倾斜，砚周诸峰蟠崒，三面环抱。中峰下有一龙首，设有一孔可注水，左右两峰下各为一负山人像，余九峰环绕成半圆砚堂。砚身下为三足。陶砚设计新奇别致，整体和谐。汉砚中还有 1969 年在江苏徐州出土的铜盒石砚，通称鎏金兽形铜砚，长 25 厘米，宽 14.8 厘米，高 10.5 厘米。砚形为一伏地奇兽，双角双翼四爪，张口露齿，鎏金铜质兽体，通身镶嵌近百粒红珊瑚、青金石与绿松石小珠。铜砚分为上、下两部分，上背部为砚盖，下腹部内为砚石，石面光洁润泽。砚盒通体鎏金，光泽灿然，点缀华美，装饰考究，可谓

故宫藏汉十二峰陶砚

铜盒石砚

富丽之极。它不仅为汉砚之珍,在砚史上亦属上乘佳作。

《齐民要术》引述东汉政论家崔寔的《四民月令》说:"砚冰释,命幼童入小学,学篇章。""砚冰冻,命幼童读《孝经》《论语》篇章,入小学。"说明当时在小学幼童学习中,已普遍使用了砚,这也说明了汉代砚量增多。

从出土情况看,汉代砚种较多,有石砚、陶砚、漆砚、铜砚等。砚式也富于变化,除长方形、圆形以外,尚有瓢形、峰形、箕形、异兽形等,许多砚还附有精美的砚盒。砚的制作日益精良,已由单纯的文具开始演变为工艺美术品。这些都说明汉砚在质量上,较之前代已有了很大的变化。

汉砚在质与量上的提高与发展,也反映在对砚的理论认识上。《说文解字》上说:"砚,石滑也。""砚,䃺也。"("䃺"为磨之本字)。《释名》说:"砚,研也。研墨使和濡也。"从这些对"砚"的解释文字,可看出从功能等方面，人们对砚的性质有了更深入的认识。

魏晋南北朝时期，制砚水平有了进一步的发展。砚的品种更多，又出现了瓷砚以及银砚、玉砚、木砚等等。在砚形上，开始趋于定型化。圆形、长方形等成为基本形式。同时在砚体装饰上，也更加艺术化。

据《文房四谱》记载："魏武《上杂物疏》云：'御物有纯银参带台砚一枚，纯银参带圆砚大小各四枚。'"这是说魏武帝曹操时，已有银砚。晋代葛洪在《西京杂记》上说："以玉为砚，亦取其不冰。"这说明那时也有了玉砚。晋代傅玄在《砚赋》中有"木贵其能软"的话，《文房四谱》上便说："因知古亦有木砚。"

瓷器是我国古代的一项伟大发明。我国原始瓷器约在商代出现。现在一般认为，一直到东汉才完成了由原始瓷器向成熟瓷器的过渡。有趣的是，近几十年来就有晋代瓷砚出土。1958年安徽马鞍山出土有青釉三足瓷砚，圆形砚盘，周边起沿，底有三熊形足，直径11.3厘米，高3.6厘米。此砚胎骨灰白，砚身及底施青釉，有细小开片纹，是著名的越州窑青瓷制品。由于青瓷产地在江南，主要产地在浙江（如越州窑），因此在江南一带有较多的瓷砚出土。由于瓷质较坚硬，研磨时弹性小，使用时不甚理想。但在尚未发现专用

唐代越窑三足瓷砚

石质砚材的地方,瓷砚可大量制作,能满足教育、文化、艺术发展的一定需求。因此,瓷砚的出现与发展,在砚史上仍有重要意义。晋代以后,直至清代均有瓷砚的制作。

除瓷砚外,也有晋代陶砚出土。1958年在南京的四座东晋墓中,出土四方陶砚,其中一为三足圆形灰色陶砚,墓主为颜谦妻刘氏,另外也在其他女性墓中有砚具发现,这说明当时喜爱翰墨的妇女为数不少。这使我们联想起"书圣"王羲之的老师、晋代女书法家卫夫人。传说为卫夫人所著的《笔阵图》就谈到文房四宝:"夫纸者,阵也;笔者,刀矟也;墨者,兵甲也;水砚者,城池也。"将文房四宝比喻为兵械战阵,

第四章 谁凿山中石，人间供翰墨——砚

看来，这位巾帼真要"笔伐"了。

晋砚，除出土的与文献中记述的以外，也有反映在古代绘画中的。宋代米芾的《砚史》上就记载有："晋砚见于晋顾恺之画者，……有十蹄圆铜砚中如〔鏊〕者。"这说明米芾在顾恺之的画中，见到过有十足的、形如烙饼器具的铜砚。

南北朝时期的砚这些年也有发现。如1975年在浙江省绍兴市一座南朝砖墓中，出土有兽蹄五足瓷砚，圆形，下有五蹄足，直径20.3厘米，高5.6厘米。南北朝时的北魏也有石砚出土，1970年在山西省大同市一座北魏墓中，出土石雕方砚，长21.2厘米，宽21厘米，高8.5厘米。砚面中间有方形砚池，其余部分均浮雕乐舞、骑兽、蟠龙、禽鸟，砚体四侧满雕纹饰，浮雕力士、禽兽等。北魏在迁都洛阳之前，都城为平城（今山西大同）。该地为北魏与西域诸国交往贸易的枢纽，在人文地物上，都受西亚的影响。此件方砚的雕刻风格就集中反映出这一特点。砚侧的莲瓣纹饰及肥硕力士，都具有西亚的风格；砚体上雕刻的鸟、兽、鱼、龙均为汉画像中常用图案，具有我国汉代艺术特色。这种完美巧妙的结合，既反映了当时北魏平城地区的特定历史地理环境，也反映了当时的中外文化艺术的交流。

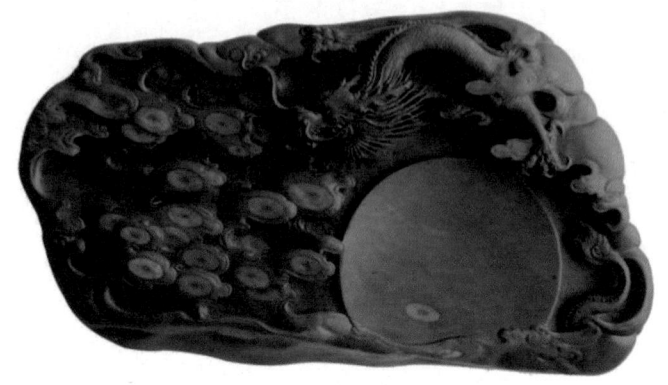

杨焯忠端砚作品 云龙砚

隋唐时期,特别是在唐代,经济文化的繁荣,绘画、书法艺术的提高,都促进了文房用具的发展。在砚型上更趋于圆形、箕形,砚堂与砚池连为一体。在砚材上,石砚与陶砚居于主导地位。特别在石砚的选材与制作上,出现了号称"四大名砚"的端砚、歙砚、鲁砚与澄泥砚,揭开了我国制砚史上的新篇章。

隋唐时期的砚,出土与流传下来的都不少,特别是唐砚较多。1952年安徽省无为县出土了一件隋砚,为赭釉多足瓷砚。圆形,直径19厘米,高6.8厘米。下为21蹄足,砚身与水池施赭釉,底及圈足内均裸露深灰色胎质,砚面微凸,周环以水池,此即为通常所说的"辟雍砚"。"辟雍"本为西周天子所设大学。《礼

第四章 谁凿山中石,人间供翰墨——砚

记》说:"大学在郊,天子曰辟雍。"蔡邕在《明堂月令论》中说:辟雍之名,是"取其四面周水,圜如璧"。为何设计成此种形状?汉代班固《白虎通义》解释说:"辟者,璧也。象璧圆,又以法天,于雍水侧,象教化流行也。"三国时代就已有辟雍砚,曹魏时繁钦的《砚赞》说:"圆如盘而中隆起,水环之者,谓之辟雍砚。"辟雍砚是利用文具巧妙进行教化宣传的杰作。

唐代的许多陶砚、瓷砚大都为辟雍砚。如现藏北京故宫博物院的一件唐代 22 柱足圆陶砚,直径 34 厘米,高 15 厘米。圆形陶质,上层砚侧为乳丁纹及花

唐代 辟雍砚

蕾纹，其下排列着相间的凸雕兽面与乳丁纹。最下有22柱，柱首皆为兽头，柱底为兽足。

北京故宫博物院藏有一唐代多足白瓷砚，圆形，直径16厘米，高5.9厘米，下有26个蹄足。我国历史上，瓷器开始出现时是青瓷与黑瓷，大约在北朝末期出现白瓷。白瓷的烧制成功是我国瓷器史上一项重要的成就。在唐代，形成了以浙江越窑为代表的青瓷和以河北邢窑为代表的白瓷，这两大瓷窑系统，一般以"南青北白"概称之。唐代的白瓷是很著名的，以白瓷制作社会上大量使用的砚，也是对此的很好说明。

1979年在江西省丰城县（今丰城市）还出土有一唐双盂多足瓷砚，圆形，直径16厘米，高5.5厘米。砚心微下凹，多蹄足，一侧有两个橄榄形笔插，通体施黄褐釉，色泽晶莹光亮，造型美观。这是一件带有笔插的辟雍砚。另外也发现有既带笔插又有水盂的辟雍砚。说明辟雍砚的形式在发展变化，功能也日趋完善。

在流传下来的唐砚中，有一方三堂梅花石砚甚为别致。此砚为双面砚，长方形，长27.5厘米，宽20.7厘米，高5.5厘米。一面为十字界开成双堂双池，砚池为两朵梅花；另一面为单堂，砚池为一朵梅花。石色深紫，砚体敦厚稳重。砚石双面利用，设计构思

第四章 谁凿山中石，人间供翰墨——砚

巧妙。

宋砚仍承隋唐砚风，以注重实用为主，较少装饰加工，长方形抄手砚为砚型主流。抄手砚是砚面略具坡度，自然形成砚堂与砚池，砚底掏空成两墙足的一种砚型。所谓抄手，是执握砚时，便于手抄砚底。因砚底掏空，砚重减轻，也便于持携。这种砚型，属凤字形系统，与唐代箕形砚一脉相承。也可以说，抄手砚更早是从汉代长方形石板砚发展演变而来。抄手砚在宋代已发展到成熟阶段，其砚型可使砚面得到合理有效的利用，既制作简易，又经济实用，是砚史上的常规砚型。

宋代也盛行瓦砚。从一些记述中看来，唐末与五代就已有瓦砚了。如《文房四谱》上说：唐末吴融《古瓦砚赋》"勿谓乎柔而无刚，土埏而为瓦。勿谓乎废而不用，瓦斫而为砚。"斫瓦为砚，就是制作瓦砚。《文房四谱》上又有五代时"僧贯休咏砚诗：'……应念研磨久，无为瓦砾看。倘然人不弃，还可比琅玕。'"也似在说瓦砚，并把瓦砚比为美石。

宋代瓦砚，据宋代苏易简《文房四谱》上说："魏铜雀台遗址，人多发其古瓦，琢之为砚，甚工，而贮水数日不渗。世传云：昔人制此台，其瓦俾陶人澄泥以缔绤滤过，碎胡桃油方埏埴之，故与众瓦有异焉。"

这是说宋初有人以著名的曹魏时建造的铜雀台的古瓦制作瓦砚，性能很好，可"贮水数日不渗"。历史记载，铜雀台瓦在制作时，是将所选陶土，经葛布过滤，并和以胡桃油，成型后烧制而成，与普通瓦有区别。除用铜雀台古瓦制砚外，当时还有以汉代未央宫瓦制作的瓦砚。关于铜雀台瓦砚以及未央宫瓦砚，在清代《西清砚谱》中有图录与记述。虽混有"鱼目"，但仍可见些遗意。

唐宋以来，制砚业有了进一步发展。宋代有许多砚著剞劂行世，如米芾的《砚史》，高似孙的《砚笺》，李之彦的《砚谱》，以及苏易简《文房四谱》中的《砚谱》等，这些都是研究砚史的重要文献。

元代砚的形式，大体上为宋砚形式的延续，对各种砚材均有制作，风格略显粗犷朴拙。元代还出现一种暖砚。前面提到汉代崔寔在《四民月令》中说："正月砚冻开"，说明冬季有砚冻现象。清代唐秉钧的《文房肆考图说》上说："天气严寒，点水即冻，……砚上堆冰。"为了防冻，人们也想了许多方法，如"石灰泡汤，可以免冻，或预磨墨汁，以管装悬怀中"等。为了防冻，还发明一种暖砚，该书说："冬月严寒砚冻，市肆俱用锡造笔筒形，下置油盏点火，上面研墨……制造三层砚，上层四面钩镶。中央用薄端石，以便磨墨。

第四章 谁凿山中石,人间供翰墨——砚

砚之高处,作锡池贮水,下层无底虚中,可置小炉一个,贮炭常暖。其中间一层,多积热水,令水气上蒸常湿。砚墨不即干燥,真是佳制。"这是设计非常巧妙的一种暖砚,分为三层,上层嵌以砚石,中层蓄水,下层为加热炭炉。较为普遍的暖砚只有二层,上层为砚石,下部设置洞堂,以燃炭火。有的暖砚,下部制成抽屉式炭槽,使用更为方便。

上海博物馆收藏有一件元代镂空刻花暖砚,为两长方形,制作相同之铜砚套叠组合而成。长17.1厘米,宽9.5厘米,高6.8厘米。长圆形砚堂,砚池呈半月状。砚侧四周均透雕蟠环,成有规律的缠枝纹饰。下层为

元代镂空刻花暖砚

抽屉式炭槽，屉面设有拉环。此外，北京首都博物馆也藏有元代石质暖砚。

清代诗人徐以升有《炙砚》诗："文思忽飞扬，冰凝砚一方。炙余资石炭，化处受玄霜。调燮交离坎，中和适燠凉。不须呵彩笔，抒藻有辉光。"这是说诗人文思涌动，砚却冰凝，燃炭暖砚，炭黑冰白。调节水火，中和热凉。不须呵笔，辞藻文光。暖砚增延了砚台使用的时间，拓宽了砚台适用的地域，有助于文化艺术和教育事业的发展，便利了商业活动和日常生活，确是一种巧妙的设计。

明清两代，砚台制作在工艺上发生了巨大变化，砚台也由注重实用性的文具用品，逐渐演变为具有观赏性的工艺美术品。制作风格由古朴趋向奢华，由简洁趋向繁缛。自明代始，砚上铭刻增多，颂祷、咏志、题跋、记事等等不一而足。有的砚铭铭记具有很高的史料价值，有的铭文具有文学艺术价值，有的铭刻则具有书法欣赏意义。

清代的砚材，除了前代已有的砚材以外，更是极尽奢豪之能事，甚至出现了不具或少具研磨性能，仅视其稀少与昂贵才选择的"砚材"，如水晶、翡翠、玉石、漆砂、象牙、料器（即琉璃）等。在砚体加饰的题材上，清砚所表现的内容也极为广泛，花草树木、

第四章 谁凿山中石，人间供翰墨——砚

清代纪昀铭螭纹端砚

虫鱼禽兽、云霞日月、山川景物、历史典故、人物神仙、金石碑刻、名家书画等无所不包。在制作工艺上，出现了仿古、仿旧、仿真的工艺砚。在雕饰上也出现了地方特色与不同流派。如有崇尚清秀隽永、高雅脱俗的"浙派"；有追求纹饰丰满、图案繁复的"广作"；

陈端友浮雕九龟荷叶形端砚

有偏宠砚材昂贵、制艺精艳的"宫作"。文人置砚，以雅见长，带书卷气；民间备砚，实用为本，具质朴味。清砚真是异彩纷呈，琳琅满目，是砚史上的辉煌时代。

　　清代砚坛的繁荣发展，也反映在理论研究上，不论在宫廷还是在民间，都有整理、研究、论述与总结性的论著出现。《西清砚谱》以图文方式著录了清代

第四章 谁凿山中石，人间供翰墨——砚

皇家藏砚。该谱所录各类砚共计240枚，乾隆皇帝自序说："内府砚颇夥，或传自胜朝，或弃自国初……因命内廷翰臣甄覈品次图而谱之。"《西清砚谱》编者为于敏中、梁国治、董浩等人，绘图为门应兆等人。砚谱所录一部分是作为文物珍藏的自汉唐至宋元的砚，一部分是明与清初的镌品。"凡例"上说："是谱荟萃古今，得砚二百，陶则汉甓称首，而唐宋以下，澄泥旧制胥隶焉。石则晋砚开先，而端歙蕨村诸旧石属焉。"

《西清砚谱》的另一特点，是除对砚加以说明外，都附有砚图。"凡例"上说："前人谱砚，往往详于说而略于图，……是谱所绘尺度既用线法收分，其不及分者，注明砚图之首，至其形制刻画，若蓬莱道山，兰亭等图，细至夔蜗虫鸟，无不摹写入微，而于石质损驳、眼蛀金星、翡翠之属，尤极意皴染，各开生面，其有一图绘至三四面者。"砚图绘制尺度形模准确，生动逼真，惟妙惟肖。

"西清"是清代宫内南书房的别称。南书房又称南斋，是清初皇帝读书的地方。清代以宫廷丰富的收藏、雄厚的力量编制的《西清砚谱》，起到了以"文房之资，立言传道"的作用。《西清砚谱》是宝贵的砚史文献，具有很高的史料价值。

清代高凤翰的《砚史》也是很著名的"砚典"。高凤翰是清初画家，喜好收藏砚，蓄砚1000多方，后择其精者，制铭撰记，手绘后自行镌刻，拓出砚图，题句诗文，钤以朱印，编制成《砚史》。高凤翰《砚史》共四册，题识书迹众体皆备，铭记文句意境隽永，实为集金石、书画、诗文为一体的艺术珍品。

高凤翰的《砚史》后经王相、王应绶以及著名书法家吴熙载等人筹划摹刻，得以流传。摹本存砚图112幅，共收砚165方。卷首有高凤翰自题"墨方开国"，次页有高凤翰造像的《云海孤鹤图》，并有清代书法理论家包世臣等人的序跋题识多幅。

在高凤翰《砚史》中，有许多关于名砚的材质、品名、制作等等的记叙与论述。通过高凤翰的《砚史》，也可以了解高凤翰有关铭砚、制砚、藏砚的资料。高凤翰的许多砚铭、题识也都是佳作。如"陋铜雀，薄未央，陵云作赋声琅琅，试与掷地成铿锵"；"墨乡磅礴，天空海阔"；"波涌云垂想其气奇，玉润镜平想其质清"。

清代朱栋所撰《砚小史》说："栋固不文，颇有此癖，所得端歙旧坑及古瓦砚十三方，不减古人名砚，特名其斋曰'十三砚斋'。"他收集历代论砚著作，整理研究，撰成此书。该书薛序说："取古今论砚之

第四章 谁凿山中石，人间供翰墨——砚

清代张燕昌摹刻西晋太康瓦券端砚

明代陈洪绶铭端砚

书，仿史家例共成四卷，曰《砚小史》。"该书黄序说："《砚小史》原原本本，无一字无来历，无一语不蕴藉，无一图不精彩。"该书主要论述端州、歙州、青州、潭州等地的石砚及石末澄泥砚、古砖古瓦砚、玉晶玛瑙砚、铁铜银砚等。关于砚的史论有12则，还有赋、文、诗、词与铭等，书后附有"十三古砚图"及"诸公之砚"。《砚小史》最后还附有"墨考"。《砚小史》取材广博，论述精当，是一本简明扼要的砚史读本。

清代吴兰修撰有《端溪砚史》一书，共三卷。上卷专论砚坑；中卷介绍砚材、砚式、砚值以及用砚、藏砚之法；下卷记叙了贡砚、开坑诸事。《端溪砚史》是介绍与论述砚石，尤其是端砚的名著，是了解端砚的必读之书。

清代雕孔雀端砚

第四章 谁凿山中石,人间供翰墨——砚

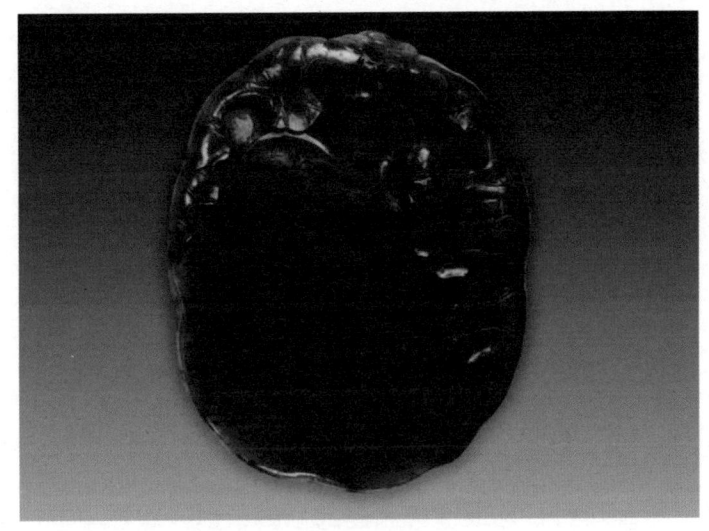

清代玉荷花螃蟹纹砚

清代的砚书超过了以往历代的总和,为我们了解与研究我国古砚提供了宝贵的资料。除以上所介绍的之外,著名的还有纪昀的《阅微草堂砚谱》、唐秉钧的《文房肆考图说》等。

明清两代,特别是清代,由于皇家豪族的奢欲,文人雅士的嗜爱,砚品在开采、制作、雕饰、装潢等方面,都达到了前所未有的高度。明清砚业,可谓砚论要著迭现,煌煌巨帙,壁立千仞。砚艺名家辈出,群星璀璨,耸壑昂霄。在砚史上,确已"崧高维岳,骏极于天"了。

二、砚的制作

砚石开采回来之后,需经过多道工序,才能加工成为一方砚台,好的砚石经良工处理后,犹如锦上添花,价值倍增,而每道工序都得讲究慢工出细活,马虎不得。

维料就是选取适合制砚的石料,避开瑕疵与不可制砚的部分。开采出来的砚石表面十分粗糙,但经验丰富的石工有"一眼穿石"的功力,从石材表面就能分辨出石质优劣,并能知道石料里面大概有些什么石品花纹,再决定取舍。例如:砚石侧面有翡翠点,或翡翠带,那么凿下去很可能会有石眼;两侧若呈微白色,周边又有胭脂晕包围着,那么里面可能有鱼脑冻或蕉叶白。有的砚工则用榔头,经过一阵"旁敲侧击",由石声判断石质枯润,检查石材是否有断裂。经过选取后的石料,摘取可制砚的部分,决定大概的砚形,圈选为记,再进行下一步骤的开料裁切。

石料经圈选之后,按初步的厚度、形状进行裁切。

裁切又分为"锯料"与"整料"。所谓的锯料，又称开料，就是将一块大的石料，裁切开来，去除不能用的部分；"整料"是理出所需的形状、厚度，制成初胚。锯料又分机械、半机械两种方法，一般小石料用手持锯处理，属于板岩石或体积较大的石材，则用大锯操作。老坑石一般都以人工半机械方法开料。老坑石因为不抗击、不抗震，机械的震动力过大，容易将石料震裂。半机械的方法开料，在工作进行中，较能掌握突发状况，尤其是体积较大的老坑石料，都采用这种传统的方法开料。这种开料方法，是靠一种特殊设计的锯片，由锯齿夹带着金刚砂将石料"磨断"，就像古时候用"解玉砂"开玉料一样。

三大名坑砚料在制作过程中，每道环节都得谨慎，特别是老坑有金银线、冰纹者，得更加留心，这些石品花纹常隐藏着细微的间隙，裁切或制作过程中，得战战兢兢，不敢怠忽，一发现石料有间隙或龟裂，得马上用胶水施行补强工作，防止继续龟裂。老坑料的制作过程是相当费心的。

雕刻是制砚过程中极为重要的一环，它能使一块朴实天然的砚石，透过雕刻处理，成为赏心悦目的艺术品。雕刻设计除了要具备精良的雕刻技术外，还要具备艺术素养，即所谓的"砚外功夫"。凡艺术都有其共通性，若能从绘画或书法、文学等方面多加涉猎，吸取其养分融入砚的雕刻中，必能提高砚的艺术价值。端砚的雕刻，完全是以手工进行的，也正因为靠手工的精雕细琢，才更能表现人文精神及个人风格。

砚经过雕刻完成后，为了避免碰撞而遭损伤，先要配盒，砚盒除了有防尘及保护砚的作用外，还能增加其美观，提高砚的附加价值，也方便于收藏。砚盒用料自古以来都很讲究，名贵的甚至用紫檀、酸枝、楠木、鸡翅木、红木等。砚盒要从实用与美观的角度着眼，砚与砚盒必需吻合，四脚必须平整，砚盒上漆的色调宜沉不宜浮，沉则雅，浮则俗，砚盒色调如果太浮艳，会与端砚的色调格格不入，易造成喧宾夺主，破坏了端砚的古朴素静。

砚的打磨在配盒之后，打磨品质的好坏，关系砚的品质及其使用效果。打磨工作先以油石或砂纸，将刀路、凿口磨平，再用细砂纸精工打磨，直到砚堂、砚背、四边等处，用手触摸细腻光滑、手感良好为止。砚须四脚平稳，不能有倾料，砚堂要平整，凹凸不平则有碍研墨，不管实用或观赏，平整宽阔的砚堂，都能给人一种安定舒朗的感觉。

以墨汁加适量的米酒，均匀地涂于砚上，使砚的色调统一，避免刀路、凿口的痕迹，并可增加砚的古

第四章 谁凿山中石，人间供翰墨——砚

朴效果。浆墨有遮丑的功用，能掩饰砚的瑕疵，使砚看起来较美观。浆墨的墨色要适中，不可太深，太深看起来就很死板。除了仿古砚的作旧以外，一般砚堂是不浆墨的，砚背若是质地纯净、石品花纹精彩者，一般也是不浆墨的。

上蜡的目的，是为了保持石质的滋润与增加美观，上蜡可以去除雕刻的刀痕，让砚的色调更统一，对比更明显，使石品花纹更清晰。砚的上蜡，就像皮鞋刷鞋油一样。上蜡都上得很厚，让人看不出破绽。买砚之前，最好要求退蜡，检视一下砚的真正面目。

上蜡的步骤在浆墨之后，方法是：先用炭火将砚烤热再涂上蜡，蜡遇热瞬间融化渗进砚石里，再用布擦拭均匀即告完成。另有一种热水加温上蜡法，是将砚放入水中加热，再取出上蜡，这种方法，容易造成水分滞留石中而生霉。还有一种简单的"吹风机加温上蜡法"，这种方法适用于大砚，因为大砚又大又重，操作不易，容易发生意外，用吹风机上蜡法方便又安全，以吹风机将砚吹热后，再上蜡，如此反复进行。端砚中有金银线、冰纹等花纹的老坑石中，偶尔隐藏着细微间隙，若用炭火加温法，温度控制不当，容易造成更严重的龟裂。上蜡的重点在于"匀而不腻"，正如现今战士们擦枪的要求标准——"看起来有油，

摸起来没油"。

　　大家都知道砚要上蜡,但多数人不知有"退蜡"这道工序。砚经退蜡后才算完工。上蜡的作用是保护石质的滋润,退蜡是将"砚堂"表面的蜡退去,砚堂退蜡后才能使用。退蜡方法,是用棕束沾杉木炭粉,就像洗锅一样将蜡去除。杉木炭是碱性的,可去油蜡。杉木炭粉质地细软无杂质,不伤砚面。砚经过退蜡之后会露出真面目,石色层次更丰富,石品花纹更清晰,手感更细嫩,有一种松软的触感。有瑕疵及砚面粗糙的砚,最好别退蜡,以免一退破功,瑕疵无所遁形。

三、四大名砚

明代高濂的《遵生八笺》一书中说：石砚具有"质之坚腻，琢之圆滑，色之光彩，声之清泠，体之厚重，藏之完整，传之久远"的特点。唐代著名砚石，除了端砚、歙砚外，还有红丝砚、淄砚、天坛砚（盘谷砚）等。宋代以后又陆续出现洮砚、黄石砚（方城石）、松花石砚、苴却砚、易砚、潭柘砚、螺溪砚等。砚石产地，可谓遍布神州。宋代米芾《砚史》上就列有砚石20余种，宋代高似孙《砚笺》上更列有砚石30余种。由于自唐代起砚石增多，其中更有甚佳者，历史上便有了"四大名砚"之说。初称端砚、歙砚、澄泥砚与红丝砚为"四大名砚"，后因洮砚出现及红丝砚停采，便又称四者为端砚、歙砚、洮砚与澄泥砚。下面便将以上一些名砚分别加以介绍。

端砚

端砚亦称端溪砚,以产砚地广东端州(今肇庆)之端溪水而得名。据文献记载,端州在汉武帝时即已开辟,原隶属广东高要县,隋唐时改为此名。端砚是最早为人们发现和使用的名贵砚石之一。端砚石质坚实、细腻,发墨不伤笔,书写流利生辉,加之端砚雕琢精美而居中国四大名砚之首,是历代公认的佳砚。

端砚、歙砚的名贵产品多作为艺术品来欣赏和收

端 砚

第四章 谁凿山中石，人间供翰墨——砚

藏。明代最负盛名的藏书家、刻书家，江苏常熟的毛晋，曾喜得一方端砚，并在该砚的背面留有砚铭曰："得之不易，藏之为宝。继我书香，子孙永葆。汲古阁主人子晋。"

传世的唐代端砚，有八角"观象砚"等。1952年和1965年，在长沙和广州也分别有唐代箕形端砚出土。端石中最具代表性的名品之一是"石眼"。石眼即含有铁和其他矿物质的一种结核体，它是在成岩过程中逐渐形成的独特花纹。看上去活像鸟兽的眼睛，其中又分"活眼"（圆晕有瞳，栩栩如生）和"死眼"（外形模糊，毫无神采）。石眼名目众多，其主要价值是在于它的观赏性。当然，过去也有人说："端石如一段紫玉便佳，何必有眼。"但石眼罕见别致，晶莹美观，具有很高的艺术欣赏价值，人们自然对其爱不释手，争相宝之。在制砚时，如能巧妙布置，确能令石眼为砚石增色添辉。

端砚多以紫色为主。唐代李贺有诗赞曰："端州砚工巧如神，踏天磨刀割紫云。"足见端砚在唐代已经大量开采。后经宋元明清的发展，端砚终在中华砚史上留下了光彩夺目的一笔。

歙砚

歙砚产于江西省婺源县,因唐代婺源县属于歙州,故名歙砚。又因歙砚的石材主要产于婺源龙尾山下溪涧,故又名龙尾砚。《文房四谱》说:"今歙州之山有石,俗谓之龙尾石。"米芾《砚史》上说:"歙砚婺源石。"宋代李之彦《砚谱》上说:"歙石出于龙尾溪。"这些都说明了歙砚名称的由来。

关于歙砚砚石的发现与开采,宋代唐积所撰《歙州砚谱》谈到婺源砚时说,"唐开元中,猎人叶氏逐兽至长城里,见垒石如城垒状,莹洁可爱,因携以归,

歙 砚

第四章 谁凿山中石,人间供翰墨——砚

刊粗成砚,温润大过端溪。后数世,叶氏诸孙持以与令,令爱之,访得匠手,斫为砚,由是山下始传。"这是说在唐玄宗开元年间,当地猎户叶氏因猎兽追捕至山中,见有莹洁可爱的如城垒状之石,带回家去掉粗糙的表面,制作成砚,发现砚石温润性质比端砚还好。几代以后,叶氏后人拿去送与县令,县令十分喜爱,从此歙砚便流传开来。

《歙州砚谱》又说:"至南唐元宗精意翰墨,歙守又献砚,并荐砚工李少微,国主嘉之,擢为砚官。"这说明在南唐,歙砚已为贡品。当时还设"砚官"管理歙砚生产。宋代洪适辑录的《歙砚说》说:"昔李后主留意翰墨,用澄心堂纸、李廷珪墨、龙尾砚。三者为天下冠,当时贵之。"表明当时龙尾砚(歙砚)与澄心堂纸、李廷珪墨已是最名贵的文房用品。

在宋代,龙尾砚的开采生产规模更加扩大,制砚已是当地居民的主要生产业务。黄庭坚的《砚山行》诗对此有很生动的描述:"新安出城二百里,走峰奔岳如斗蚁。陆不通车水不舟,步步穿云到龙尾……其间有石产罗纹,眉子金星相间起。居民上下百余家,鲍戴与王相邻里。凿砺砻形为日生,刻骨镂心寻石髓。选堪去杂用精奇,往往百中三四耳。磨方剪锐熟端相,审样状名随手是。不轻不燥禀天然,重实温润如君子。

日辉灿灿飞金星，碧云色夺端州紫。"诗中对砚石产地之地理环境、交通情况、砚石品种、居民状况、开采生产以及石质品位等，都做了形象具体的描绘，为后人留下了宝贵的资料。

宋代还有许多吟颂歙砚的诗歌，如苏轼在《偶于龙井辩才处得歙砚甚奇作小诗》中说："罗细无纹角浪平，半丸犀璧浦云泓。"另外蔡襄、周必大等人也有诗文赞誉歙砚。

随着歙砚的发展，宋代也出现许多有关歙砚的论著。专著有唐积撰《歙州砚谱》、洪适辑《歙砚说》《辨歙石说》等。此外在《文房四谱》《砚史》《砚笺》以及唐询《砚录》、李之彦《砚谱》、赵希鹄《洞天清录集》和杜绾《云林石谱》中也有一些评介歙砚的篇章。对歙砚的产地、开采、坑名、品类和制作等方面，都有详细的记叙与论述。这说明宋代对砚石、对歙砚已经有了更深入的认识与研究。

宋末元初，由于战乱，歙砚生产受到影响。据《婺源县志》记载："自元兵乱后，琢者日拙，而识砚材者尤鲜。"自此以后，制砚业日趋萎缩，一落千丈。明至清初，未见开采记录。直至清乾隆年间，方有开坑取石的记载。清代程瑶田《纪砚》说："乾隆丁酉夏五月，余从京师归于歙，时方采龙尾石琢砚，以供方物之贡。其石之不中绳度者,砚工自琢之,以售于人。"这是说在公元1777年曾有开采,作为地方贡品。其中未达标准不合规格者,砚工自行雕琢,在民间售卖。自此至清末,未见有开采的记载。历史上由于长时间较少开采,影响了歙砚的流传与扬名。

砚石的许多特性与审美价值,多与岩石学有关。从岩石学的角度来说,砚石主要属于沉积岩或变质的沉积岩(泥质、粉砂质、凝灰质或碳酸质岩石)。一般说来,砚石质地细腻,粒度细匀密实。著名的砚石中,端砚为绢云母泥质板岩,歙砚为含石英粉砂质泥质板岩,洮砚为水云母泥质板岩,鲁砚为微晶质灰岩。

作为工艺品或装饰品的石材,可以分为宝石、玉石和彩石。砚石属于彩石。

歙石纹理紧密,温润细腻,其纹如丝罗,其声如振玉,其色如苍碧。苏轼《孔毅甫龙尾砚铭》说:"涩不留笔,滑不拒墨,爪肤而縠里,金声而玉德。""涩"指石质锋芒,易发墨但不损笔;"滑"指石质坚密但易研墨;"爪肤""縠里"指石质如皮肤般柔嫩,纹理如绉纱般细美;"金声""玉德"指扣之有钟磬韶武之音。坡翁砚铭的确说出了歙砚的优点。

歙石不仅石质优良,还含有丰富多样的、被称为"石品"的天然花纹,这是由于含矿物质的成分不一而造成的，这些矿物质或以点滴状散开，或以线条状层列。有的规则排列，有的曲折杂陈，变化万千，姿态各异。一般说来，歙石石品可分为眉子、罗纹、金星、金纹等几类。

眉子又称眉纹，其纹为黑色，酷似人眉，故名。成条状分布于砚石中，砚石底色大都为青灰色。《歙砚说》说：眉子"凡九品：雁湖眉子，对眉子，金星眉子，绿豆眉子，锦蹙眉子，短眉子，长眉子，簇眉子，阔眉子"。《辨歙石说》上注解说：雁湖眉子"砚心有纹晕如注池，四外眉子密密，如群雁飞集之状"。对眉子"石纹如人画眉而细，遍地成对者"。金星眉子"眉子疏匀而有金星间之"。绿豆眉子"石理稍黑，微暗而斑，内有短密眉子纹"。锦蹙眉子"石纹横如眉子，间有金晕"，"金晕如蹙锦然"。短眉子"眉子密短而匀"。长眉子"眉子长而差大"等等。这之中，雁湖眉子亦称雁攒湖眉子，是以砚心为湖池，四周眉子如群雁翔集，富含诗情画意，令人遐想。因其极为罕见，故为珍品。

罗纹指砚石表面有如丝罗般旖旎柔美的纹理，故名。《歙砚说》说：罗纹"凡十二品：细罗纹，粗罗纹，暗细罗纹，松纹罗纹，角浪罗纹，金星罗纹，刷丝罗纹，倒地罗纹，石心罗纹，卵石罗纹，泥浆罗纹，箦子罗纹"。

《辨歙石说》上注解说：细罗纹"石纹如罗縠精细，其色青莹，其理紧密坚重，莹洁无瑕璺，乃砚之奇材也"。粗罗纹"似细罗纹而文理稍粗"。暗细罗纹"罗纹虽细，晦而不露，纹理隐隐，石色微青黑"。角浪罗纹"直纹数路，如角浪然"。金星罗纹"细金点如撒星者，有金抹如眉子者，有横抹金纹长短不定者"。刷丝罗纹"石纹精细缠密，如刷丝然"。箅子罗纹"比刷丝纹理疏而粗大，正如排箅子"，等等。以上罗纹的品名都是很形象的，如角浪罗纹酷似江海中翻腾波浪，视如波浪起伏不平，抚却平滑温润。又如《辨歙石说》中说到的"水波"罗纹，"纹理横细如晴昼微风，清沼涟漪之纹"。罗纹成横向排列，宛若"风乍起，吹皱一池春水"。

金星指石中有黄色颗粒，如粟米谷粒大小，灼灼生光。分布于黑色砚面，宛如夜空繁星闪烁，故名。金星为歙砚之上品。由于金星形态不同而各具名称。《歙州砚谱》说："金星其纹三种：葵花，金晕，金星。"葵花金星是葵花瓣状的金星圈。金晕是云雾状的金黄色晕。

金纹指石中有云雾条纹状的金黄色晕，故名。又按照条纹色晕的形状，随形赋名。《歙州砚谱》提到金纹有十种：金纹如长寿仙人者，青斑金纹如鹤舞者，金纹如双鸳鸯者，金纹如斗者，金纹如枯槎仙人者，金纹如金云气者，金纹如眉如卧蚕者，金纹如双鱼蹲鸥者，金纹如湖中寒雁者，金纹如金壶瓶者。从以上介绍可以看出，金纹形状多为人物鸟兽等，其名乃依状随形而定。

歙砚"石品"天然花纹不同，是因为成因不同。

罗纹是砚石中层状排列的如织物的纱纹，为含有硫化银、铜、锰等矿物的黏土质。层次极薄的为细罗纹，略厚的为粗罗纹，丝直而细密者为犀角罗纹，层次较厚粗宽直纹者为角浪纹等。

上面介绍歙石石品，是依照《歙州砚谱》《歙砚说》等书的品目分类顺序，先介绍了眉子，实际上眉子也是一种罗纹，是罗纹的变种，为罗纹的变异表现。

金星是硫化铁黄铁矿之类的点滴状流散物，大者如豆，小者如黍，至小者如鱼子。金纹金晕是熔为线条状、片云状、流云状的"金星"。由于金星是金属矿物质，硬度又大大超过歙石的平均硬度，因此会出现挫墨损笔现象。对于砚石的使用功能来说，这是一种缺点，也是一种"石病"。但从另一方面来说，由于金星在深色砚石上鲜亮明艳，晶莹夺目，具有装饰美的效果，因此有一定的艺术价值。又因金星是歙石的特征之一，有时也可起鉴别歙石真伪的作用。

第四章 谁凿山中石，人间供翰墨——砚

砚石因所出砚坑、开采年代等不同，石品、质量等也有区别和差异。历史上砚石出自何坑、产于何时等等往往是重要的鉴别标准，因此对砚坑情况也应加以了解。歙石砚坑很多，《歙砚说》说："龙尾山亦名罗纹山，下名芙蓉溪，石坑最多。"《歙州砚谱》中"石坑"一节介绍说："罗纹山亦曰芙蓉溪，砚坑十余处，蔓延百余里。"

历史上有不少歙砚流传下来。1953年在安徽省歙县小北门窖藏出土宋代歙砚17方，其中一方眉纹枣心歙砚，长方形，长21.3厘米，宽12.5厘米，高2.8厘米。平底，边起直线棱。一端为新月形砚池，中为

宋代歙砚

椭圆形砚堂。砚身为青黑色细罗纹石,砚堂嵌入对眉子石一片,自由取放,可作砚盖,也可作砚面。设计巧妙,匠心独运。清代徐毅《歙砚辑考》说:"歙石以眉子为绝,而眉子品目不一,要以石色青碧、石质莹润而纹理匀净者尤为精绝。"此砚石质、雕琢、造型俱优,为宋代歙砚之瑰宝。现藏安徽省博物馆。

另一方清代荷叶歙砚也很名贵,椭圆形,长14.8厘米,宽12.8厘米,高2.7厘米。砚周略加雕琢,使砚呈仰面卷边荷叶形,四周荷叶内卷。砚背微凹,中间浅雕出叶蒂。石质黝黑微呈青碧,坚劲莹润,纹理

清代荷叶歙砚

匀净、缜密，隐现暗细罗纹，古犀罗纹，尤为精绝。砚石正反两面，布满近十对眉子纹，多数横而不曲，两端略细，成双成对，悦目怡神。此砚砚盒为嵌有螺钿的云龙黑漆盒，衬装砚石，更显华贵。此砚现藏于北京故宫博物院。

洮砚

洮砚产于甘肃省卓尼县的洮河沿岸，因而得名。过去一般史书上记载，洮砚产地为甘肃临洮，彼古临洮非今之临洮县，应为现卓尼县。

米芾《砚史》上说："通远军觅石砚……在洮河绿石上，自朝廷开熙河，始为中国有。"熙河是宋代路名，治所在熙州，即今甘肃省临洮县。《云林石谱》上说："通远军即古渭州，水中有虫类鱼，鸣或作觅觅之声，土人见者，以梃刀或坚物击之，多化为石，色青黑温润，堪为砺，目之为觅石。"通远军、熙河路即今洮河一带。这种觅石"自朝廷开熙河，始为中国有"，也就是说，洮石是在宋代开始开采的。金代诗人元好问在《赋泽人郭唐臣所藏山谷洮石研》一诗的序中说："研有铭云：王将军为国开临洮，有司岁馈可会者六百巨万,其中于中国得用者此研材也。"这位王将军就是拥护宋代王安石变法的王韶,他当时是秦凤路沿边安抚使,是王韶将这种优良的砚材传入中原,从而使洮石在砚材中崭露头角,发展成为著名砚石。

米芾在《砚史》上说:洮石"绿色如朝衣,深者亦可爱,又则水波纹,间有黑小点……亦有赤紫石色斑。"《洞天清录集》上说:"洮河绿石北方最贵重,绿如蓝,润如玉,发墨不减端溪下岩。"《遵生八笺》也说:"洮河绿石,色绿微蓝,其润如玉。"洮砚以碧绿色为主,"绿如蓝"的上品称"绿漪石"。这种绿石中往往有条条纹理,犹如万端云霞,千姿百态。肌理缜润,绮丽典雅。发墨生光,呵之成珠。贮墨经月,不变不涸。另有洮砚"赤紫石",玫瑰红色砚石,发墨功能不亚于"绿漪石"。石质细密晶莹,色彩鲜美,砚纹似波浪翻滚,如卷云连绵,清丽动人。

历史上不少诗人对洮砚有诗赞,黄庭坚《刘晦叔许洮河绿石砚》说:"久闻岷石鸭头绿,可磨桂溪龙文刀。莫嫌文吏不知武,要试饱霜秋兔毫。"这里黄庭坚以鸭头上绿色羽毛,来形容洮砚的瑰丽色泽,实属贴切。金代冯延登《洮石砚》说:"鹦鹉洲前抱石归,琢来犹自带清辉。芸窗尽日无人到,坐看元云吐翠微。"

第四章 谁凿山中石，人间供翰墨——砚

洮石砚

描写洮石青翠可人，熠熠生辉。

洮石产于大河深底，开采十分困难。《洞天清录集》说："石在临洮大河深水之底，非人力所致，得之为无价之宝。"《遵生八笺》也说："河深甚难得也。"由于开采艰难，历史上流传不多，所以《洞天清录集》便说："耆旧相传虽知有洮砚，然目所未睹。"又因此，也常有人以鱼目代珠，多以长沙谷山石充之。

宋代也有一些著名的洮砚流传，如宋蓬莱山洮河石砚。长16.9厘米，宽9.8厘米，高3.9厘米。砚石

205

周边雕有双龙戏珠图案。砚上部刻重山叠嶂,中有重檐殿阁。横额篆书"蓬莱山",因以得名。砚背凹处刻有赑屃负碑,碑额隶书"雪堂"二字,雪堂为苏轼斋号。并有隶书"缥缈神山栖列仙,幻出一掬生云烟,予以宝之万斯年。元丰四年春苏轼识"。此砚形制古朴,又为苏轼用砚,因而弥足珍贵。现藏北京故宫博物院。

明代十八罗汉洮河石砚,长26.5厘米,宽20.2厘米,高8.4厘米。椭圆形。砚池部分线刻宫殿楼阁,云龙海水。砚周环刻十八罗汉。砚底内凹,浮雕海浪翻腾,柱石耸立,鱼龙呼啸。刀法苍劲,气势威严。此砚石质苍碧,砚体敦厚,现藏于天津市艺术博物馆。

澄泥砚

澄泥砚严格说来不是石砚,它的前身是古代陶

清代祥云纹澄泥砚

砚。如果就多数岩石与所有土壤（包括陶土及澄泥之泥土）的构成来说，它们的主要成分都是硅酸盐（硅酸盐是硅、氧和金属化合物的总称），由此说来，"陶"与"石"却又是相通互连的，因此陶砚和澄泥砚，都可说是广义上的"石砚"。

米芾《砚史》说："相州土人，自制陶砚，在铜雀上，以熟绢二重淘泥澄之，取极细者，燔为砚。"《文房四谱》也说："以墐泥令入水中，挼之。贮于瓮器内，然后别以一瓮贮清水，以夹布囊盛其泥而摆之，俟其至细，去清水，令其干……以竹刀刻作砚之状，大小随意，微阴干……厚以稻糠并黄牛粪搅之，而烧一伏时，然后入墨蜡贮米醋而蒸之五七度……亦足亚于石者。"明代陈继儒《珍珠船》说："绛县人，善制澄泥，缝绢袋致汾水中，逾年而取之，陶（通"窑"字）为砚。"

从以上记载中，我们知道，澄泥砚的制作方法，基本上是以细密织物，缝制成囊袋，盛泥"澄之"，成形阴干，烧制成砚，因用"澄泥"方法制作，故名"澄泥砚"。前面介绍过《文房四谱》上所记的魏铜雀台瓦砚，从瓦的制作方法来看，实已显日后澄泥砚制法之端倪。

宋代李之彦《砚谱》上说："虢州（今河南省灵宝市）澄泥，唐人品砚，以为第一，今人罕用。泽州道人吕翁作澄泥砚,坚重如石。手触辄生晕,上著'吕'字。"

从以上记载可知,澄泥砚唐代已有制作。唐代以及唐以后的生产地方,也不止一处。如有虢州,相州(今河北省南部成安县等地与河南省北部安阳市等地)、绛州(今山西省新绛县)、泽州(今山西省晋城市)等地,即今冀南、豫北与晋南一带,都有生产。

由于泥沙原料成分以及烧制火候等方面的不同,澄泥砚色也各不相同。如"有色绿如春波者,或以黑白埴为水纹"(米芾《砚史》)。有"澄泥砚,正紫

澄泥砚

第四章 谁凿山中石，人间供翰墨——砚

色，而坚泽如端溪石，扣之铿然有声"（宋代何薳《春渚纪闻·记砚》）。清代谢堃《澄泥研》说：澄泥砚"黄质，黑章名鳝鱼黄者，盖色若鳝鱼之背。又有青色者名蟹壳青，红色者名虾头红，白色者名鱼肚白"。由此看来，澄泥砚也可制出五颜六色的砚品，与其他砚石的天然颜色相比，毫不逊色。

历史上也有一些著名的澄泥砚传世，一方为宋代苏轼鹅式澄泥砚，长12.7厘米，宽8.8厘米，高2.7厘米。砚形为转颈回眸之鹅形，鹅体为砚面，深处为砚池，浅处为砚堂。砚背隶书"鹅戏"，并署"东坡居士"楷书款。此砚几经辗转，后入清宫。清帝乾隆

纹理绚丽的澄泥砚

特作诗咏砚:"澄泥制砚肖鹅鶂,背刻东坡想用之。设以换群遗事谕,斯人诚不愧研斯。"命工刻于砚侧,诗后钤"太仆"御印,并楷书"乾隆辛丑季夏御题"。砚盒为紫檀木制鹅形盒。现藏于北京故宫博物院。

清代允祥珍藏的一方澄泥砚也很有名。砚为板瓦形,长33厘米,宽19.3厘米,高2.3厘米。砚侧铭"怡王冰玉道人珍玩"。砚色如茶末,细润如玉。砚面光素无纹,砚体整齐舒展。允祥为康熙第十三子,封怡亲王。《红楼梦》著名的"己卯本",即为允祥府抄藏本,故又称"怡府本"。允祥生平嗜翰墨,喜收藏。此砚现藏于天津市博物馆。

红丝砚

宋代唐询《砚录》说:"青州黑山红丝石为砚。"《砚笺》说:"红丝石红黄相参不甚深,理黄者丝红,理红者丝黄,其纹匀彻……洞口绝壁有镌字,唐中和年采石所记。"《青州府志》载,"红丝石产于临朐县南之老崖崮"。

从以上记载可知,红丝砚石开采于唐代僖宗中和年间(881—885)。其产地为青州(今山东省青州市)

之黑山与临朐（今山东省临朐县）之老崖崮。《云林石谱》说："青州……红丝石产土中，其质赤黄红纹，如刷丝萦绕石面。"由于砚石有"红纹""丝红"，故名"红丝砚"。

米芾《砚史》说："红丝石作器甚佳。"关于红丝砚的特点，清代汪春煦《寿石斋砚谱》上说："以墨试之，其异于他石者有三：他石不过以温润滑莹者为尤。此乃浸之以水而有滋液出于其间，以手磨试之久，黏着如膏，一也；他石与墨相发，不过以其体质坚美。此乃常有膏润浮泛，墨色故相凝若漆，二也；他石用讫，甚者不刻，其次终食之间，墨即干矣。此石复之以匣，常数日墨色不干，经夜其气即上下蒸湿，

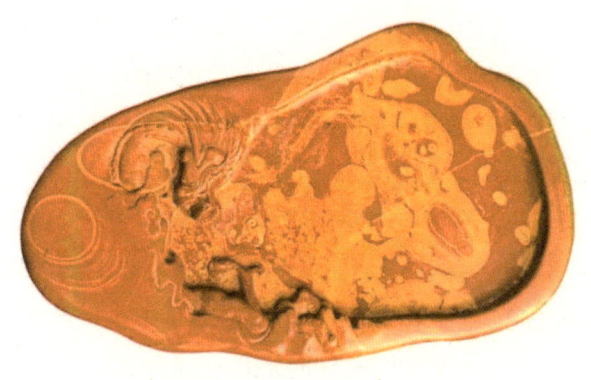

红丝砚

著于匣中有如雨露，三也。"也就是说其石质细腻，致密，更显发墨。

红丝砚纹理天然，其状不一。色泽多彩，千姿百态。有的似云水、山峦，有的如花卉、鸟兽。因石中夹有石英，形成冰纹、旋纹、条带、斑痕等，构成了红丝砚特有的文采与图饰。

红丝砚自宋代以后因停采，遂少显于世，流传不多，但也留下一些名砚。前面说过的清代画家高凤翰，藏砚极丰，其中就有红丝砚。在其所著《砚史》上，第37方即为红丝方砚，因高凤翰为山东胶州人（今山东省胶州市），所刻铭文为："美不美，乡中水，何必乎，歙之黟，端之紫。"千里莼羹，表达了他对家乡红丝砚的眷恋与钟爱。

历史上，山东多处产砚石，《遵生八笺》记载"墨角砚、红丝砚、黄玉砚、褐色砚、紫金砚、鹊金墨玉石砚，皆出山东"。此外书中还提到"淄州黄金砚……青州石末砚"。青州石末砚为澄泥砚。淄砚在米芾《砚史》上就有记载："淄州砚，淄石理滑易乏，在建石之次。"清代余怀《砚林》还说："宋熙宁中尚淄石研，神宗亲择其尤佳者，赐司马温公。"宋神宗赏赐淄砚给司马光，由此可见宋代时淄砚也是名砚。

第四章　谁凿山中石，人间供翰墨——砚

四、砚　铭

　　说到唐砚，有一方著名的"唐砚"不能不提。据说唐代名臣褚遂良获太宗赏赐一方砚台，遂刻上"润比德、式以方、绕玉池、注天璜"的铭文，以砚喻德。此砚铭遂成为历代论述砚铭的必引经典。

　　其实，这方砚最早见于清乾隆皇帝御编的《西清砚谱》。乾隆皇帝在此砚谱里开了不止一个玩笑。观此砚谱，谬误百出，特别是"乱代"现象严重。别的砚姑且不提，仅就此砚来说，没有在乾隆《西清砚谱》以前其他典籍中看到此款褚遂良的砚铭，特别是唐代典籍中没有记载。唐代或后代的古字画中没有这个砚式，考古发掘中也未发现唐墓出土此类砚式。翻遍唐代典籍，唐代的各类文体中也没有"润比德、式以方、绕玉池、注天璜"这类铭文文体。唐时品砚之风已兴，唐诗中有多首赞砚之美，然而砚上如"褚砚"的赞铭，至今没有第二个。所有这些告诉我们这方"褚遂良"款砚不是唐代的。初看此砚是宋石渠式砚，一是宋代典籍开始介绍此类形制的砚,二是截至目前,宋以前的墓还没有出土过此类形制的砚。但此类砚有确切铭文可考的仅见于明代。

唐代以前砚上刊铭者极为罕见,仅见之铭多为纪年款或题名款,铭款书法粗劣。唐代文人品砚之风已兴,然砚上赞铭鲜见。今称文人砚铭者,兴于宋,盛于明清。宋苏轼、米芾等已有砚铭刊于砚上,开风气之先。然此风尚未普及,故存世宋砚带铭者稀有。现所见宋砚铭者多为伪制。明清时,赏砚藏砚之风日盛,

清·高凤翰铭夔龙纹澄泥砚

第四章 谁凿山中石，人间供翰墨——砚

文人制砚，楷书画篆刻入砚，砚铭形式布局及刀法韵味与砚雕融为一体，名款之后还有钤刻印章者。此外，大量民间砚亦有款识，然内容简朴，多为纪年款与吉语款，书法也显稚拙，多出匠人之手。

唐代的砚铭，与同时代瓷器或其他器物上的铭，可互相印证。唐代石砚款识以"锥书"刻画为主，但陶砚以墨书写的款铭为主。铭文内容主要有纪年款、干支款、姓氏款、制品记名款、作坊款、产地款、标价款、称颂款或称寄托款等（如"值万金、永宝之"）。字体绝大多数为行书、草书，楷书、隶书少见。刻画与写的部位基本在砚背，偶有在砚堂有墨书的陶砚。唐代瓷器、陶砖、漆器、银器的名款，字体基本为行书、草书，可与唐代砚上的名款互相印证。这说明唐代器物名款风格的统一，即内容和形式的一致性。这些唐代瓷器、陶砖、漆器、银器的名款，也帮助我们对唐代砚铭的确认，成为我们研究唐代砚铭的背景资料。

砚铭，是指刻在砚底、砚头、砚盖、砚身四侧或其他空余部位的一种可长可短、亦诗亦文、不拘一格的自由文体。古人大多把格言、诗句、警句作为砚铭，奉为自己的行为准则，并时时激励自己要躬身力行。砚铭，是我国独有的文体形式，是中华优秀传统文化的形式之一。它不仅能增加砚台的艺术欣赏价值，而

且还是文物评定的标准和鉴定真伪的依据。

纵观古今砚铭，或诗或文，或词或赋，其基本内容大约可归为三类：一为记述砚台情实，以表珍爱之意；二为抒发文人志趣，以呈雅达之怀；三是揭示人生警戒，以谕贤哲之理。依此三类，举例说之。

记述砚台情实的砚铭，往往体现持砚者珍爱其砚的心理，有时还包含着对美砚品色、工艺的评述。如清代石泉氏铭"端溪之晶，宇宙之英，君子以用，永保康宁"，就充满了对宝砚的珍爱之情。再如清代雪村砚铭"玉润我也，山辉我也，是以辉而润，此无非我也"，把一个藏砚者拥有心爱的宝砚时扬扬自得的心态刻画得一览无遗。再如宋代苏东坡著名的端砚铭曰："千夫挽绠，百夫运斤，篝火下缒，以出斯珍。一嘘而泫，岁久愈新。谁其似之，我怀斯人。"文中对端石的采获之难，制砚之艰辛，做了直观形象的描述，感情充沛，深切动人。

抒发文人志趣的砚铭最为多见，常借砚形、砚品联想发挥，所涉领域亦十分广泛。如清代的纪晓岚收藏的一方金水附日砚，其砚铭为"金水二星，恒附日行，天既成象，地亦成形"，将天地现象与人生哲理熔铸在一起。又如清代书画家、"扬州八怪"之一的金农，其《团砚铭》曰："砚如此不恶，面如此便俗，侏儒侏儒多饱栗，今之相者兮果无作。"表达了他对世道不公的激愤之情。清代翁方纲的竹砚铭"竹本虚心是我师"，表达了作者对竹子高风亮节的赞颂。再如清代韩崶的瓜瓞砚铭："是曰研田，百世相传，取象瓜瓞，大小绵绵。"表达了作者希望家族兴旺，子孙绵绵，耕读传家，百世发达的美好愿望。

揭示人生警戒，以铭励志的砚铭是古人将自己的理想、追求和人生志向、抱负等刻在砚上，用以警醒自己，激励自己，许多成了脍炙人口的名篇佳作。如宋代岳飞的砚铭："持坚守白，不磷不缁。"意思是经受各种条件下的磨砺，保持纯粹坚守之志。后来此砚所有者爱国诗人谢枋得将该砚转赠给文天祥，文天祥便在砚侧镌铭曰："砚虽非铁难磨穿，心虽非石如其坚，守之弗失道自全。"将一个民族英雄的情操表达得淋漓尽致。大书法家翁方纲在一方端溪竹节砚上的题铭："石能介性为吾友，竹本虚心是我师。"将竹石的品格阐述得淋漓尽致，同时也将一代大家的高风亮节呈现在世人面前，躬俭谦让，百世垂范。

砚铭作为艺术表现形式，出现是比较晚的。它肇始于魏晋，兴起于宋元，兴盛于明清，没落于民国，于今则稀音也。纵观古今砚铭，虽寥寥数语，然而却内涵丰富，文辞隽永，文体随意。有的朴实无华，直抒胸臆；有的内敛含蓄，耐人寻味；有的诙谐调侃，潇洒飘逸。观赏砚铭，是一种高尚的艺术享受，它使人从中领悟人生哲理，汲取历史文化知识。读一篇好的砚铭，如在聆听一位智者的教诲，观照古人那一份天淡云闲、清风明月的心情，同时为自己的灵魂营造一块澄明之境，身心受益。

砚铭作为艺术品的出现，比作为文学作品要晚得多，它兴于宋元，盛于明清。宋末元初，我国篆刻艺术空前兴盛，砚铭在它的影响下，开始向艺术创作方向发展。在刻制技艺上，砚铭广泛地吸收了篆刻艺术的全面构图、章法布局和刀法技巧，大大地提高了砚铭的艺术欣赏品位。同时砚铭亦趋于完备，年款也较前代更为普遍，并出现了在铭后加钤印章的新内容。从此，款记便成了砚铭不可分割的组成部分，更增强了砚铭的装饰美。

明清时期，赏砚之风日盛。当时金石书法名家辈出，他们中不少人自己动手书写和镌刻砚铭，如纪晓岚。为了把书法、雕刻和装饰有机地统一起来，使其达到最好的艺术效果，在书写和镌刻之前，都要对砚铭的全面布局、章法的疏密错落和刀法运用进行反复推敲，精心设计。砚面构图，因形而异，行、草、篆、楷，因砚而择，使其布局得体，和而不同。同时刀法的运用也力求做到笔画的顿挫、轻重、快慢、转折，要刻得生动自然，既有笔意又有刀味。不过，砚铭的书写和镌刻毕竟不同于一般的文章写作，因受到砚面与雕刻过程的限制，制作者选用的铭文大多简短、扼要、精辟。因此砚铭虽短，却文字隽永、意蕴深邃，均是砚铭作者的真情流露，从而使砚铭的文学美与艺术美融为一体，真正成为既具观赏性，又具实用性的艺术品。

砚贵有铭。一方好砚，它集佳石、文学、雕刻、书法为一体，本身就是一件精巧玲珑的艺术珍品，再镌刻上贴切的铭文，就好比锦上添花，身价倍增。不仅使人读后深受启迪，而且也是一种高雅的艺术精神享受。

五、古代文人与砚的趣事

历代文人嗜砚成癖者不少,其中北宋米芾尤甚,他爱砚几达癫狂地步。

米芾的书法与苏东坡、黄庭坚、蔡襄等齐名,合称宋四家。米芾爱收藏佳砚,甚至连皇上的御砚,也敢大胆索取。

在《钱氏私志》里讲了这样一件趣事,宋徽宗赵佶听说米芾书法不错,便将他召进宫内,摆好玛瑙砚、李廷圭墨及玉镇纸笔等文房用具,让他书写。只见米芾卷起袍袖,落笔如云,转眼之间,"奇绝陛下"四个字已跃然纸上。皇上非常高兴,就将文房四宝一并赐给了他。

又一日宋徽宗与蔡京论书法,宋徽宗召米芾来,令他"书一大屏",并指定要用御案上的端砚。米芾接过文房四宝,一挥而就,字字珠玑,获得满堂喝彩。米芾趁机捧着端砚,跪着向宋徽宗请求道:"皇上,这砚您已赐给臣用过了,不宜再给陛下使用了……"

宋徽宗听后，哈哈大笑，随后便将这方珍贵的端砚作为奖赏赐给了米芾。米芾捧着端砚，高兴万分，手舞足蹈，"余墨沾渍袍袖"也在所不惜。宋徽宗见状，对蔡京说："癫名不虚传也。"米芾的"癫态"显示出他对端砚的无比钟爱之情。

宋代有一个叫孜周的和尚，有一块端砚，十分罕见。米芾得此砚后，伴着它睡了三天；还让苏东坡为其作铭词。米芾藏有砚山数座，其中有一座为南唐李后主故物。

此砚为教砚，大小山峰三十六座，层峦叠嶂，明暗相间，砚池中有天然水波纹，池中碧水荡漾，别有一番情趣。砚堂中金光闪闪，似白云飘逸，又似山川，巍峨壮丽，真是千姿百态，惟妙惟肖，是大自然的精妙杰作。米芾称它为"宝砚"，并亲自刻了砚铭，即《研山铭》。

米芾对砚很有研究，写了一本《砚史》，世称"米史"，记载了砚材 26 种，对其石质、颜色、发墨等功能阐述精细、翔实，具有很高的鉴赏价值，纪晓岚在《四库全书总目提要》中对它评价很高。

明人笔记叙述了米芾与苏东坡的一段轶事：据说米芾有方端砚，苏东坡借来欣赏，到手之后，苏东坡就立遗嘱，要后人把这方砚来殉葬。米芾急了，立即写信给苏东坡将端砚索回。听说米芾写给苏东坡的信函真迹仍在人世。米、苏两人爱砚如痴，上述轶事，可见一斑。

著名民族英雄文天祥所用的砚也是端州所产。他将这方端砚命名为"玉带生"。其砚呈紫色，中间有纹如玉带。据史籍记载，文天祥对这方端砚十分珍爱，在砚上刻上"玉带生"砚名，还亲赋《玉带生铭》镌于砚背："紫之衣兮绵绵，玉之带兮潾潾，中之藏兮渊渊，外之泽兮曰宣。呜呼！磨尔心之坚兮，寿吾文之传兮。庐陵文天祥制。"这砚铭对端砚的外表、质地、用途等极尽赞美之词。

文天祥用过的这方"玉带生"端砚，后世人自然视之如宝。他殉国后，这方端砚被南宋诗人谢翱收藏。谢翱曾率乡兵投入文天祥部作战，担任咨议参军职务，因抗元失败，后改名换姓，到处逃亡。他得知文天祥殉难，悲痛异常，作《登西台恸哭记》以彰显文天祥抗元报国的崇高民族气节。

"玉带生"砚后来不知怎样离开谢家在世上辗转流传。到了康熙四十三年（1704年），著名的文学家朱彝尊往苏州游览，到博闻善画的诗人宋荦（其时，宋正任苏州巡抚）那里做客。朱无意之中从宋的书桌上看见了"玉带生"砚。朱大喜，当即以硬黄纸摹写文天祥所作的《玉带生铭》的铭辞，他自己则作了首《玉带生歌》，并有小序："玉带生，文信国（天祥）所遗砚也。予见之吴下，既摹其铭而装池之，且为之歌曰："玉带生，吾语汝，汝产自端州，汝来自横浦……"

在此之前，南宋将领张宪亦有《玉带生歌序》："玉带生，端人也，事文山丞相为文墨宾，与同馆谢先生翱友善。"歌序也陈述了文天祥所用的砚台就是"端溪名砚"。张宪还将"玉带生"拟人为文天祥的侍从呢！

清代两个名人所用过的端砚也值得一提。一方为民族英雄林则徐的端砚。此砚目前仍在世上，据我国近代著名诗人柳亚子先生的外甥、上海竹雕名家徐考穆先生透露，林则徐的端砚现藏于李宇趋家中，该砚曾由著名花鸟画家唐云及徐考穆过目、查证。徐考穆还为该砚镌刻题记："砚为清代文忠公（则徐）遗物，石为端溪上品。原有铭跋，遭人磨毁，将运出国被阻留而流落羊城，为赵品三同志收藏。辛丑夏赠王世英同志，同年冬世英转赠余于北京。壬寅春李宇趋记于沪上大石斋。"林则徐砚原有的铭跋究竟写些什么，可惜已"遭人磨毁"而难以稽考了。

小结

砚作为中国独特的书写辅助工具，在人类历史中不仅是独一无二的文化现象，而且这些"石头"早与中国的书画艺术融为一体。"四宝"供人使用，纸以日计，笔以年计，墨以年计，砚则可伴人终生——"文人之有砚，犹美人之有镜也，一生之中最相亲傍"。美人对镜、文人用砚都是在领受生命之温馨，这大概是人生最大的乐事。